女子大生ママ彩歌

ピンチの店を立て直す

古川 隆
(株)福一不動産代表取

あさ出版

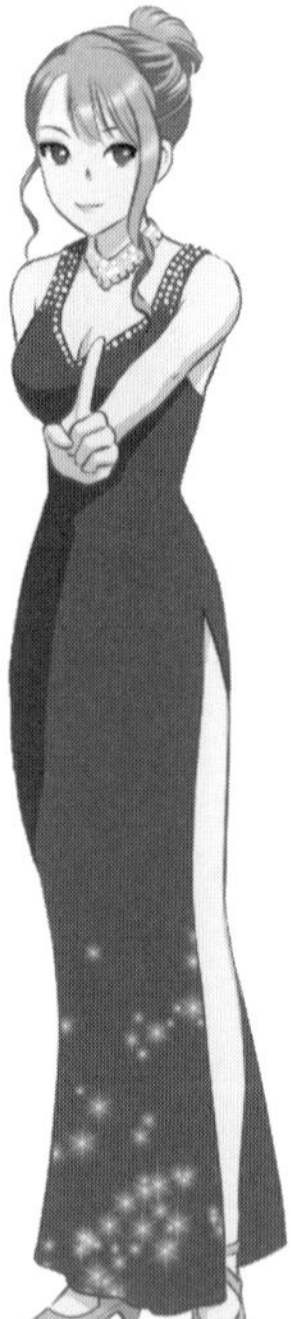

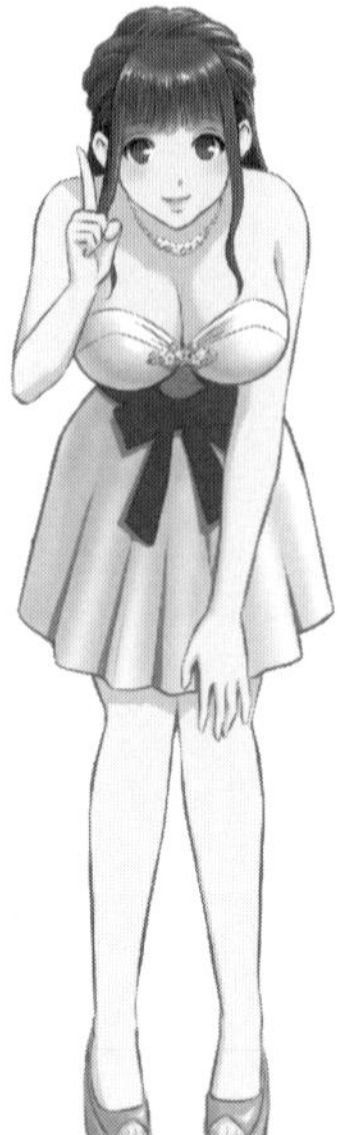

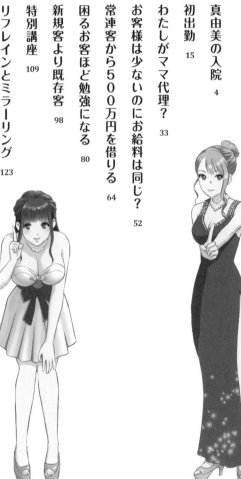

Contents

Story 1

真由美の入院

「お母さん、入院することになっちゃった……」

彩歌《あやか》はある日突然、母の真由美から告げられた。

いつもは明るい笑顔の真由美だが、今はちょっと困った表情だ。弱音をはかず、気丈にふるまう母が、どことなく弱気になっているように見える。

「どっか悪いの？」

どこかが悪いから入院するのである。ふだんなら「あったりまえでしょぉ！」と真由美は笑うところだ。ところが、さきほどより少し小さな声で真由美は答えた。

「うん、舌《ぜつ》ガンらしいの。舌のガン」

そう言ってちょっとだけ舌を出した。

「らしいのって言ったけど……はっきり、ガンなの。お医者さんに言われたの」

驚いてなにも言えない彩歌に向かって言い直した。

ガンと聞き、正直、彩歌は動揺した。だが、瞬間的に考えた。

こういうときは悲観的になってはいけない。一緒になって気弱になってはいけない。

「ふぅ～ん。そういうのがあるんだ。でも腫瘍でしょう？　ガンって。なにかできものみたいなものでしょう？　とればいいんだよね。あ、違うか。レーザーかなにかで焼くんだったっけ。とにかく今の時代、なんとかなるんでしょ？」

自分自身、無理に強がりを言っているように感じた。一生懸命励ましているようなしゃべり方に、どことなく違和感を自覚しながら、彩歌は一気に話した。

話しながら、そういえば最近、あら？　と思うことがあったことを思い出した。疲れているのかな、体調が悪いのかなと思うことが何度かあったのだ。大丈夫？　と声をかけたこともあった。だが、「うん、大丈夫。少し疲れているだけよ。だめねぇ、歳をとると。お店がちょっと忙しくなるとしんどくてね」と笑っていた。

「ほら、なんだっけ？　芸能人で最近、いたよね。舌のガンで入院したけど、元気に退院しましたってネットであったよね」

ステージ4の舌ガンになった、昔のアイドルのことを言いたいのだ。だが、母親とほぼ同じ年齢の元アイドルの名前は出てこない。

「そうそう。あの人と同じよ。それでお店を休まなくちゃいけないのよ。もちろん、彩歌にも心配や迷惑をかけちゃうから、それが申し訳ないと思って……」

「そんなに心配な手術じゃないよね。わたしはなんにも迷惑じゃないよ」と答えた彩歌だが、その後、自分の部屋に戻り、スマホで検索して怖くなった。

元アイドルは、最初は口内炎だと思ったこと。左首のリンパにも転移していたこと。手術しなければ生存率は50パーセントだったこと。11時間かけて舌の6割以上を切除したこと。太ももの一部を舌にくっつけて再建したこと。手術に成功しても、話し方などに支障が生じるかもしれないこと……。

おそろしさを感じたのち、涙が出てきた。泣きたいのはお母さんであって、わたしが泣いてる場合じゃないよね……。

お母さんは、からだが丈夫なことが取り柄なのにと、彩歌は思う。

母真由美は、今年51歳。風営法で許される18歳になってすぐ、水商売の世界で働き始めた。最初の店は中洲。福岡市博多区にある、西日本一の繁華街だ。中洲の水が合っていたのだろう。以来33年にわたり、真由美は中洲の華やかな世界で生きてきた。

途中で辞めたいと思うこともあった。しかし辛抱強い性格だったこともあり、十代、二十代をまじめに働きとおした。

31歳で一念発起。『クラブ麻由美』を始めた。独立当時、真由美には3歳の娘がいた。彩歌の姉である。彩歌は真由美のおなかの中にいた。

それから20年。彩歌は20歳となった。彩歌の歴史はクラブ麻由美の歴史でもある。現在23歳の姉は結婚し、大阪で暮らしている。

彩歌は父親に会ったことがない。父親と暮らしたことがないのだから、記憶がないのも当然だ。「おまえのお父さんはね……」などといった話も一切、聞いたことがない。生まれてずっと母子家庭だが、不自由を感じたことはなかった。

小さい頃は、母親が仕事に出たあと淋しいと感じたこともある。しかし、おばあちゃんがめんどうをみてくれることが多く、姉も妹をかわいがってくれた。そのおかげで母親が不在のものたりなさは、さほど感じなかったのである。

朝は起こしてくれたし、朝ごはんもつくってくれた。授業参観など親が参加する行事には、必ず出席してくれたし、遠足の弁当もすべて手づくりで用意してくれた。

大学生になった今だからわかることだが、寝不足をものともせず、子供にも向き合ってくれた母親だ。驚異的である。

テレビのニュースで世間が不景気と報じられた際など、「お母さんのお店はどうなの？」と尋ねたことがある。「飲食業はオープンしても10年続く店は少ない」といった報道を耳にすると、不思議に思うのだ。お母さんの店は、なぜ続いているのだろうかと。

クラブ麻由美のようすを聞くと、真由美は必ず笑顔で答える。「順調よ」と。そうじゃなくても弱音をはくような人ではない。

そんな母親が入院するという。よほどのことに違いない。お母さんも舌を切るの？　まさか……。入院中はお店もお休みするのだろうか……。

彩歌が心配したところで、何がどうなるというものでもない。しかし、気になった彩歌は再度、リビングに出ていった。

「お母さん、お店はどうするの？」

「どうするって？」

真由美はママである。ママが入院してしまったら、クラブはやっていけないのではないか。でも、彩歌が記憶するかぎり、真由美は店を休んだことがない。

「入院中はお店を休むの？」

「まさか！　なんで休まなきゃいけないのよ。休む必要なんてぜんぜんないわ。お休みするのはわたしだけ。お店は朋ちゃんがいるから、なんとかやっていけると思うわ」

朋ちゃんとは、クラブ麻由美のチーママ、朋子である。

「あ、そうなんだ。それなら安心だね。チーママの朋子さんはベテランだからね」

朋子なら彩歌もよく知っている。

チーママの「チー」は〝小さい〟という意味だろう。彩歌が初めて会ったときからチーママで、ママの次に仕事ができる人だろうとは想像できる。

彩歌が中高生の頃は、彩歌と真由美と朋子の３人で食事をしたことがあるし、朋子が出勤前に家に寄ったことも、店を閉めたあと、家に来たこともある。朋子はベテラン中のベテランである。真由美が自分のお店を持ってから、数多くの女の子が働いたが、朋子は勤めてからもっとも長い従業員だ。クラブ麻由美に入ってから12年、チーママをまかせるようになってから10年になる古株である。

その朋子がいるから店は休まなくていいという。それなら安心だ。

「でも、問題なしというわけではないのよ」

真由美は眉間にシワを寄せて言った。

「手術は一日で終わるんだけど、お店に立てるようになるには、もしかしたら2カ月くらいかかるかもしれないのよ」

「え⁉　そんなにぃ？」

「手術前と同じように飲んだり食べたり、話したりするのが、どれくらいでできるようになるか、やってみないとわからないのよ……」

本当は不安でいっぱいなのだろう。しかし、その不安を見せまいとしているのか、淡々と、そして一気に話す真由美を見て、彩歌はせつない気持ちになった。

「お母さん……」

泣いてはいけないと思うのだが、味わったことのないおそろしさと心細さで泣きそうになる。

「お母さん、がんばって。彩歌、なんでもするから。お母さんが入院中、おそうじでも洗濯でもする！　毎日、病院に行く！　だからお母さん、がんばって」

彩歌は大学2年生である。サークル活動はしていないから、授業が終われば帰宅できる。自分のものは自分で洗濯していたし、自分の部屋は自分で掃除していた。だが、はたして毎日、病院に行くことなどできるのだろうか。

真由美は言った。

「ありがとうね、彩歌。でもね、毎日病院へ来てもらうのは無理だわ。だって東京の病院で手術するのよ」

「えええええぇ？　東京⁉」

「そう、東京。だからお見舞いはいいのよ。彩歌には、ほかにお願いがあるの」

「なに？　なんでも言って！」

「わたしが入院中、お店を手伝ってほしいの」

「お店って、お母さんのお店？　クラブ麻由美ってこと？」

「そうよぉ。ほかにどこのお店があるというのよ。うちのお店に決まってるじゃない」

彩歌の口が半開きのまま、固まっている。3秒ほど経ってしゃべりだした。

「わたしがホステス？　クラブの？　できるわけないじゃない。ムリムリムリ！　そんなにお酒飲めないし、歌はヘタだし、踊れないし」

彩歌はどんな店を思い描いているのだろう。昔ながらのスナックか、昭和のキャバレーのようなステージがある店だとでも思ったか……。

「何言ってるの？　クラブって、ホステスがお酒を飲むところじゃないし、歌は歌わなくていいのよ。それに、踊れないって、何を踊るつもりでいたの？」

トンチンカンなことを口走る彩歌を見て、真由美は笑った。


彩歌はこれまで何度もクラブ麻由美へ行ったことがある。店の大掃除を手伝わされたり、母親の忘れ物を届けに行ったことがあるからだ。だが、営業中に店の中へ入ったことはない。だから、店内にお客がいる状態のクラブ麻由美は知らないのだ。

大学へ入ると、多くの学生はコンパだ打ち上げだとさまざまな店へ繰り出すが、サークルに入っていない彩歌はコンパに縁がない。友だちとご飯を食べに行くことはあるが、そもそもクラブなどへ行くはずがない。

まったくもって水商売のことがわからない彩歌。だから自分にはムリと考える。たしかに、即戦力にはなり得ない、素人もいいところだ。

だが素人ということは、水商売の〝我流〟が備わっていない女性ということである。だからこそ手伝ってほしいと真由美は考える。ほかのお店で独自のクセが身についた経験者より、なにも知らない未経験者を育てるほうがいいのだ。

「わたしが入院しているあいだだけでいいのよ。できれば毎日、お店に出てほしいの。大学があるから無理は言えないけど、どうしたって人手がたりないのよ。新人アルバイトとして、できる範囲でいいから手伝ってもらいたいの。お酒？　いいわよ、つくれなくて。もちろん飲めなくたっていいわ。そりゃぁつくれないよりつくれたほうがいいけど。タバコ？　いまどきタバコを吸うお客様は少ないのよ。無口？　誰が？　なに言ってんの。彩歌が無口でないことはわたしがいちばん知ってるわよ(笑)。でもね、ホステスってしゃべれなくていいのよ。しゃべるんじゃなくてしゃべらせるの。お客様にしゃべらせるのが仕事よ。会話上手じゃなければならないけど、こっちがたくさんしゃべる必要はないの。だからあなたが無口というなら、うってつけよ」

そう言って真由美は笑う。

2カ月のしんぼう。そう言ったが、本当のところはわからない。2カ月で済まないかもしれない。退院したからといって、お店で接客できるようになるまでにはどれくらいかかるか……。

真由美が心配なのは会話だ。舌の手術後、元どおりに話せるようにならなければお店に立てない。

長い目で見て、女の子を新たに採用してもいいのだが、入院日が迫った真由美には時間がない。求人広告を出し、面接をおこない、新人を研修しているヒマはない。彩歌が手伝ってくれたら……。そう思って真由美は思いを伝えたのだ。「お母さんが入院中だけでいい」「できる範囲でいい」と。

懇願する真由美が、彩歌には気の毒に思えた。

「わかった。わたし、やるよ。お母さんは手術と治療に専念して。そして一日も早く戻ってね。そう約束してくれるなら、わたし、手伝う！」

Story 2

初出勤

真由美の入院は1週間後だった。

真由美も、元アイドルと同じく、最初は「口内炎がなかなか治らない」と思っていた。塗り薬を使用しても痛みはおさまらず、やがてしこりができた。歯科医院を受診したが好転せず、地元の大学病院で診てもらったところ、舌ガンだと診断されたという。

母親の病状はよくわからないが、芸能人に関したことは、この世の中、けっこう詳しくわかるものだ。彩歌はマスコミ、マスメディアの記事を何度も読んだ。

元アイドルは首のリンパ節にも転移していたことから、耳鼻咽喉科、口腔外科、形成外科が連携して11時間におよぶ手術を受けた。新聞には「舌の6割を切除。太ももの組織を使い、舌の再建手術を行った」とある。

気が張った状態で1週間が過ぎた。必要ないという母親の言葉に逆らい、彩歌は東京の病院まで付き添った。

不安な気持ちを隠し切れない彩歌に、真由美はがんばることを約束し、「その代わり……」と、真由美は彩歌にも約束をうながした。

「大学は休まずに行くこと。そして、可能なかぎり誰よりも早くお店に行くこと。お店ではいちばん年下なんだから、態度や言葉づかいに気をつけること。アルバイトや〝社会勉強〟といった甘えは捨てて、わたしの代理としてがんばること。いいわね」

「だいじょうぶよ。心配しないで。ちゃんとやるからまかせて！」

入院はしても、すぐ翌日に手術をするわけではない。手術が終わるまで付き添っていたい彩歌だが、大学もある。なにより真由美と約束した、お店への出勤がある。今日は日曜日だが、翌日月曜日の夜から「クラブ麻由美」で仕事を始めることにしていたため、東京には泊まらず、その日のうちに福岡へ戻った。


彩歌が病室を出たあと、真由美は朋子に電話をした。

「朋ちゃん、ごめんねぇ」と話し始めた電話は、けっこう長くなった。

彩歌が東京の病院まで付き添ってくれたこと。彩歌に自分の衣装を使わせること。そして「わたしの代理として」がんばると彩歌が言ったことなどを朋子に伝えた。

「彩歌ったらね、『わたしの代理としてがんばること』って言ったら、『ちゃんとやるからまかせて』だって(笑)。なにも知らないって強いわよね(笑)。あの子にお店を継がせるつもりはないけど、のほほんとした子だから、わたしの代理とでも言ったほうが、少しは緊張感を持って手伝ってくれるかもしれないわ」

たしかに彩歌はのんできある。無頓着である。これまで何度も「あなたはお気楽ねぇ」と真由美に言われて育った娘である。

お客を緊張させるほど硬い表情ではいけないが、若いなりにも凛とした雰囲気は漂わせたい。できることなら「ママの娘さんだけあって、しっかりしてるね」とお客に言われたい。その思いがあるからこそ、ママの代理という言い方になったのだろう。

「わかりました。ママの代理ですね(笑)。じゃあ、わたしもそのつもりで彩歌ちゃんを鍛えますね」

「お願いね。責任感はあるんだけど、のんびりした性格だから、ビシビシ言ってかまわないから」

「どうします? ママ。案外、ママの代わりが務まって、お客さんに人気が出たら、秋山さんあたり『麻由美ママはもう店に戻らなくていいぞ』なんて言い出すかもしれませんよ(笑)」

「うふふ、秋山さんだったら、そんなこと言うかもしれないわね。でも、あの子にかぎって、あるわけがないわ（笑）」

真由美と朋子が気軽に口にした、この「ママの代わり」という言葉が、この後、大きな意味を持つことに、彩歌は気づくはずもない。

そのころ、「明日から忙しくなるから、今日のうちに〝ごほうび〟を食べちゃおうっと」と、羽田空港でスイーツを口にする彩歌であった。

なぜ昨夜のうちに衣装を選んでおかなかったのだろう……。大学から自宅に戻り、着替えようとして彩歌はパニックにおちいった。真由美の部屋のクローゼットを見て、あまりの服の多さに圧倒されたのだ。

クラブ麻由美への出勤を忘れていたわけではない。明日は何を着ていこうかなぁと、大学へ行く際の服は考えたのである。月曜日は3時限目が終われば自宅に帰ることができる。家に戻って16時。夜の仕事用の服を選び、着替え、17時半にでかけるとすれば1時間半も時間がある。

真由美と彩歌は背格好がほぼ同じ。サイズが異なるのなら問題だが、何を着たって大きすぎも小さすぎもしない。仕事用の服選びは明日！　と先送りにしても問題はないはずだった。

　だが、シャワーの時間が誤算だった。急いで帰ったため、汗を流そうとシャワーを浴びたのだ。そしてクローゼット。6畳ほどの部屋の中がすべて服や靴箱で占められているのだが、あまりの数の多さに面食らったのである。

　こんなに派手なお洋服ばかりだったかしら……。パッ、パッとハンガーに手をかけさがす。薄いブルーの服をからだにあててみる。クローゼットの扉横には全身が映る大きな鏡がある。

「なに、この服、胸が丸見え……。ムリ」

　彩歌は、自分の胸は標準と思う。だから自信がないわけでもなく、あるわけでもない。ただ単に露出度が高い服は嫌なのだ。

　次にピンクのドレスをあててみる。色がかわいいと思ったからだ。

「やっぱり胸があいてるなぁ……。げっ！　丈も超短い」

　しかしまあ、51歳だというのに、こんなに派手な服を着て毎日お店に出ているんだなと真由美のことを思った。と同時に、こんな色の服が似合うのだから、お母さんもセンスがいいというか若いというか、やるものだわ……とも。

こんな選び方をしていたら、何時間あってもたりない。まずは胸のあき具合だけに注意して、できるだけ胸があいていないものをピックアップした。

次に、スカート丈があまり短くないものに絞る。色は問わない。

すると、手元にワンピースが3着残った。

「うわぁ〜、派手！　でも、選り好みしている場合じゃない。そろそろ着替えないと遅くなっちゃう」

どういうわけか3着とも赤系だ。そのなかで、もっとも柄が少ない1着に決めた。

遅くなるといっても、遅刻するわけではない。お店は20時からだが、彩歌は18時に着きたいと考えているのだ。「可能なかぎり誰よりも早くお店に行くこと」という、母親との約束を守るには、それぐらいに行かなければと考えた。

シャワーあがりのバスローブから、選んだワンピースに着替えた。あらためて鏡の前に立つ。あらイケルかも。ちょっとうれしくなって笑顔になる。とたんにこのワンピースが自分に似合う気がしてきた。思ったほど派手じゃないかも……。

無難に同系色の靴を合わせ、ピアスは自分のものから選ぶ。髪は……いまさらどうしようもない。美容室に行く時間もない。

急ぎ足で地下鉄大濠公園駅に向かう。マンションを出て2分後には改札を通過。乗車後3駅目の中洲川端駅で降りる。

乗っている時間は6分間。下車後、クラブ麻由美までは歩いて5分。地下鉄の待ち時間抜きに計算すると、自宅の玄関からお店のドアまで13〜14分で着くことができる。


初出勤のその日、彩歌は真由美のことを考えていた。思い出していたというべきか。

夜のお仕事だからといって、日中はヒマかというと、そうでもない。まず朝。彩歌が起きると、真由美は必ず先に起きていた。少なくとも彩歌が高校を卒業するまでは、朝食を用意し、弁当をつくって持たせてくれた。

帰宅時間は真夜中だ。短い時間だが仮眠したのか、それとも寝ないで朝を迎え、弁当をつくってくれたのか……。当時は深く考えなかったし、尋ねもしなかった。

彩歌が登校したあとは二度寝していたのかもしれないが、家はいつも掃除されてきれいだし、洗濯もこまめにしていた。

スーパーへ買い物に行き、お店でお通しとして出すポテトサラダや煮物などを出勤前に自宅でつくっていた。

ときにはお客様の会社を訪問していたし、銀行にもしょっちゅう出向いていた。美容室はほぼ毎日寄って行く上、ときどきお客様のお祝いのプレゼントを買いに行くこともあった。

彩歌が学校から帰ると、真由美がダイニングテーブルでハガキを書いていたこともある。100枚か200枚かわからないが、かなりの数のハガキを1枚、1枚、一心不乱に手書きで書いていた。

一度、「わたしのプリンターでプリントしようか」と声をかけたことがある。すると、手を止めず、顔もあげずにこう答えた。

「ありがとう。でもね、手書きがいいのよ」と、ちょっとフフフと微笑んで。

これは同じ女性として理解できるのだが、お化粧にも時間がかかる。手を抜くわけにはいかない時間だ。そして美容室で髪を調えてからお店へ向かう。

それらを考えると、クラブのホステスはもちろん、ママという仕事はハードだとわかる。とくに真由美のような〝子供を持つママ〟は短い睡眠時間でがんばる〝スーパーママ〟だと思う。

母親としてのママ、お店のママの両方を言い表した「スーパーママ」に、彩歌は我ながらセンスあるネーミングだと自己評価した。

自分で決めた18時という時間はもうすぐ。初日くらい、決めた時間に出勤したい。

亡くなったわけじゃないから、家の中に真由美の写真は飾っていない。語りかける相手はいないけれど、気合いが入っていることをわかってほしくて、誰もいないリビングに声をかけて出かけた。

「お母さん、行ってきます！」


こんな真っ赤なワンピースなんか着て歩いたら、誰もがジロジロ見るのではないかと気にしながら歩いた。しかし、拍子抜けするくらい、自分に気をとめる人が少ないように感じる。

中洲は大歓楽街で、街の人はホステスを見慣れている。彩歌が気にするほど、仕事に向かう女性を気にしない。

まあまあのにぎわいを見せているが、さすがに平日18時は、まだ、にぎやかとは言えない時間だ。

中洲川端駅で地下鉄を降り、お店まで歩く途中、何人かの女性に目が行った。服装や髪を見ればホステスとわかる。みんなきれいだ。自分と同じように早く出勤する人がいるとわかり、少しホッとした。

でも、急いでいるからだろうか、不機嫌な表情の人もいる。そんなに仕事が嫌なのだろうか。なにか憂鬱なことがあるのだろうか……。そういうわたしも、少し緊張しているけど……。

歩く人の表情とは裏腹に、街には灯りがともり、輝き始めた。

中洲は、2丁目から4丁目にかけてスナックやクラブがぎっしり詰め込まれたビルが林立している。1階には居酒屋がひしめく、西日本一の歓楽街だ。

ビルは約100棟ある。店の数は約2300。ネオンがポツポツとしかともらない地方都市の繁華街と異なり、中洲の稼働率は95パーセントにのぼる。

なぜそれほど多くの店が存在し、盛り上がりを見せるのか。

それは、店を持つのが容易だからだ。

10坪クラスの店であれば、150万円ほどの資金で出すことができる。少しばかりのお金があれば、誰にでも店が持てると言っても過言ではない。

出店だけではない。閉めるのも簡単で、家主は嫌がらない。大家さんが内装工事をほどこし、きれいな状態にして次の借り手に貸すというリース契約方式。それでいて家賃は坪1万8000円前後とリーズナブル。

東京の銀座や六本木だと3倍はかかるが、家賃が安いということは、保証金や前家賃などの総額も抑えられるということだ。

飲食店、なかでも水商売ではスケルトン状態にして賃貸されることが多い。すなわち、椅子やテーブルなどは排除し、店の中は空っぽ。何もない空間にして貸し、次の入居者が好きなように造作する方式が一般的ということだ。

ところが中洲は特殊な地域で、スケルトン状態にせず賃貸に出される。新しい借り手も、できるだけ椅子やテーブルをそのまま活用してオープンさせようとする。

もちろん、テーブルの角が傷んでいたり、椅子の生地の張替えなどが必要であれば補修する。それでもスケルトン方式と比べて、改装費用はかなり低く抑えることが可能だ。

スケルトンであれば、10坪の店で600万円から700万円するところ、100万円もあれば十分こと足りる。

10坪18万円の店を例にとると、保証金は6カ月分で108万円。前家賃と仲介手数料を加えても144万円。さらに、保証人料金として家賃1カ月分を加えても合計162万円で借りることができる。軽自動車の新車を買うのと、さほど変わらないのだ。

万が一の話であるが、入居者が夜逃げしても、家主は大きな負担とならない。店内部の造作物が、逃げた入居者が用意したものであれば問題だが、もともと家主が所有しているものである。すぐに新しい入居者へ転貸できる。

これらの特殊性が稼働率95パーセントを可能としている。

その中洲の夕暮れ空に、ネオンがまたたき出している。

急いで歩いてきたかいがあり、クラブ麻由美に着いたのはちょうど18時だった。鍵がかかっていたので、母親からあずかった鍵を取り出し、「失礼します……」と入った。なかは暗かった。黒服ボーイさんは18時30分に出勤すると聞いていたから、ボーイさんより早くお店に着きたいという願いはかなえられた。が、何をどうすればいいかはさっぱりわからない。

真由美に付き添って東京へ行く途中、いろいろな話をした。しかし、出勤してからのことについては、「朋ちゃんの指示に従えばいいのよ」で終わり。何もわからないまま、店に来てしまったというわけだ。

こういうときはお掃除？　見習いの立場なら、まず掃除！　という論理だ。

掃除機ってどこにあるんだろう……。クローゼットを開けようかと思ったが、ためらった。勝手に開けちゃいけないような気がする。

カウンターの内側の足元にあるのかしらと、カウンターに入ってみると、シンクの中にグラスがたくさんある。アイスペールには水がたまっている。氷が溶けてしまったのだろう。ミネラルウォーターの空き瓶もある。炭酸水のボトルも無造作に置いてある。

よし、洗い物ならできる！　これだと思った。飲食店の見習いは皿洗いから！　という論理だ。

いつも家では夕食のあと、彩歌は自分で食器を洗う。だからなにも抵抗がない。むしろ好きだ。洗える物はすべて洗い、ついでにシンクも洗った。

テーブルの上も拭いたほうがいいかしら……と考えていると、ドアが開いた。

「彩歌ちゃん、久しぶりぃ～」

「あ、朋子さん、ごぶさたしています。今日からお世話になります」

「ママの入院に付き添いで行ったんだってね。昨日でしょう？　疲れてない？　悪いわね、今日からすぐお店に出てもらって。でも助かるわ」

朋子が出勤したのは19時少し前。本来であれば黒服ボーイの忍田《しのだ》が18時半に出勤してくるはず。

「今日からママがお休みと知ってるから、きっと気を抜いたのね。連絡もよこさず遅刻よ。ビシッと言わなくちゃだめね」

と朋子が表情を硬くしたとき、忍田が店に入ってきた。

「おはようございま～す！　チーママ早いっすね」

「あなたが遅いのよ！　ママがお休みだと思って気を抜いたでしょう！」

「あ、いや、そういうわけではないんすけど……」

「いいえ、そうですすと顔に書いてあるわよ。ほら、左の頬の下のほうに！」

「え！　ほんとっすか？」と、あわてて左頬をこする。

「でも実際、今日からママがいないんですよね。なんでしたっけ？　親戚の介護かなにかでしたっけ？」

「そうよ」と朋子。

親戚の介護で休み、となっていることを、彩歌は初めて知った。

朋子が「そうよ」と言わなければ、もう少しで「介護じゃないんです。本人が入院するんです」などと余計なことを言うところだった。

「ということは、チーママがママ代行ですか？」

「あら、ハズレ。わたしがママの代理なんてやれるはずがないでしょ！　わたしがやったらお店がつぶれるわよ。いや、その前に、わたしの強力なパワハラで忍田ちゃんが辞めてるかもね(笑)。安心して。ママの代理はここにいるわ。彩歌ちゃんよ」

そう言って、朋子は彩歌のほうを見た。

「えっ！　若いっすね。チーママのお嬢さんですか？」

「彩歌ちゃん、アイスピック持ってきて！」

「じょ、冗談っすよ」

「ふざけてるとママに言うわよ。彩歌ちゃんを誰だと思ってんの！　ママのお嬢さんよ！　正真正銘ママの代理よ！」

「えぇ～！　本当っすか！」

忍田は心底驚いた。しかし、なにをもって正真正銘なのかわからないが、いちばん驚いたのは彩歌である。

わたしがママ代理？　代理って、ママの代わりにママをやるってこと？

朋子は、それを最初から考えていたわけではない。忍田が甘えたことを言っているので、緊張感を持たせるために思いつきで言ったのである。

「代理、よろしくお願いします」

彩歌に頭を下げる忍田を見て、効果はあったわね……と心の中で朋子は笑った。

話の成り行きで飛び出した発言だが、彩歌は激しく動揺した。

え、ちょっと、待って……。ママ代理って、そんなの聞いてないし……。

2、3分前までは、スタッフの一人として、なにか手伝えれば……という気持ちしか持ち合わせていなかった。完全にアルバイト感覚である。

しかし、ママ代理となると話は別。どうしよう！

急に態度が変わった忍田と、緊張度を増した彩歌を目にして、朋子は、ああ、これはいいかも、と思った。

20歳の女子大生がママ代理である。お客は注目するのではないか。なんたってママの実の娘だから、みんな一目置くだろう。それに、スタッフに緊張感を持たせられる。ママ不在のゆるんだ空気を引き締められるに違いない……。

忍田はあわてて着替えたあと、彩歌が洗ったグラスを専用の布でふき始めた。朋子も、チャーム用のつまみを別の容器に入れ替え、開店の準備にとりかかった。

19時半になると、ほかのスタッフが出勤してきた。中堅の美佳、淳子、結子。若手の有希、乃愛。20時開店の15分前になって麻里、亜紀。

クラブ麻由美のスタッフが全員そろった。チーママの朋子を頂点にホステスが全員で9人。彩歌も含めてである。ほかに黒服の忍田を加えた10人で、真由美ママ不在という事態を乗り切るのだ。

スタッフが全員そろうことはめったにない。週2回は休ませるよう、シフトを組んでいるからだ。

しかし今回は特別である。あらかじめミーティングを開くつもりで、全員が出勤するよう朋子がシフトを組んだ。

「ミーティングを始めます。みんな集まって」

朋子が声をかけた。お店を開けるまでわずかしかない。急がなければ……。

「重大発表があるわ」

朋子のその言葉を聞き、各自が緊張感につつまれた。

Story 3

わたしがママ代理？

「チーママ、もしかしてわたし、解雇されちゃいますか？」

「なに言ってるの、麻里ちゃん。麻里ちゃんは解雇されるようなことをしたの？」

朋子は笑いながら応えた。トンチンカンな内容がおかしかっただけではない。解雇という言葉を、麻里が知っていることにも意外さを覚えた。

重大発表があると聞き、思い当たることが麻里にはあるのだろう。ふだん遅刻がちの麻里である。今日も、「30分前にはお店に来るように」と朋子からＬＩＮＥが入っていたにもかかわらず、15分前。叱られると思ったのだろう。

これまで、クラブ麻由美ではホステスに解雇を言い渡したことがない。解雇という言葉をつかってホステスを辞めさせようものなら、とんでもない結果になりかねないことを真由美も朋子も知っているからだ。

この業界は狭い。ほかの店の出来事がまたたく間に広がる。業界が狭いだけではない。中洲そのものが地理的に狭い。ひとつのビルに店が多数あり、ママ同士、スタッフ同士が顔を突き合わせることも多い。仕入先や利用する美容室も重なりがちだ。事件や事故、従業員の不始末や、困ったお客の情報などはすぐに広がる。

ほかの店で実際に起きたことだ。

ある日、ママが従業員に対し、「あなたにはお店を辞めてもらう！」と言った。接客上のことを、それまで何度も注意していた。しかし一向に改善されず、堪忍袋の緒が切れたのだ。

言われたホステスは、そのお店を辞めた。が、後日、「不当解雇だ！」だとか「未払いの残業代がある」と訴えられる問題が起きた。

そのお店のことを気の毒に思う。怒ったママの気持ちがよくわかる。だからといって、クラブ麻由美では同じ失敗はしたくない……。といっても、何度注意しても店で決めた規則を守ってもらえないスタッフや、お店に損失を与える人には辞めてもらうしかない……。

経営者は、サービス残業や残業代未払いといった理由により、退職した元従業員に訴えられるような言動、行為をしないよう十分すぎるほど気をつけなければならないということである。

「麻里ちゃん、とりあえず今日は安心してちょうだい(笑)。たしかに麻里ちゃんは遅刻が多いけど、いきなり解雇なんて言わないわ。でも、これからはきちんとするわよ、遅刻に関しては。それよりも、みんな知ってのとおり今日からしばらくママがお休みするでしょ。親戚の介護があるので1カ月くらいかな、もしかしたら2カ月かな。そのママがいないときだからこそ、わたしたちはしっかり、いいお仕事をしなくちゃならないでしょ？　『ママがいないからクラブ麻由美はだめになった』とか『ママがいないとあそこの女の子はさぼってひどい』なんて言われたくないでしょ？」

「重大発表というのはね、ここにいる彩歌ちゃんが今日からクラブ麻由美のママ代理として働くってことよ」

朋子以外の全員が驚きの声をあげた。彩歌も、である。さきほどは黒服の忍田に対し、説教代わりにママ代理と言ったのだろうと思っていた。ところがホステス全員の前でハッキリ、彩歌のことをママ代理と言ったのである。

「彩歌ちゃん？　のことをママと呼ぶんですか？」と亜紀が聞いた。「そうよ」と朋子が答えた。

有希と乃愛《のあ》、結子《ゆうこ》、麻里が驚きの声をあげた。

「エー！」「マジ？」「ママ⁉」「ウッソー！」

「美佳さんや淳子さんは会ったことあるんだったっけ？　彩歌ちゃんは、真由美ママのお嬢さんなのね」

「エー！」「マジ？」「娘さん？」「ウッソー！」

若手のボキャブラリーは限られている。が、無理もない。みんなママに娘がいることは知っていた。しかしまだ大学生であり、まさか店に勤めに来るとは考えもしなかっただろう。

忍田はすぐにスマホで検索したのだろう。画面を見ながら言った。

「ダイリって、その人に代わってブツジを処理する人ってことらしいっすよ」

「仏事⁉　そんなわけないでしょ？　見せて」

朋子が忍田のスマホに手を伸ばす。

「オバカねぇ～。仏事じゃないわよ。ものごと！　物事って書いてるじゃないの。真由美ママに代わって、彩歌ちゃんがママの仕事をするってことよ！　あ～、もう時間がない！」

「彩歌ちゃんって何歳なんですか？」

亜紀は、彩歌の若さが気になった。

「えっと、20歳です」

その場にいる10人のなかで、彩歌がもっとも若いのである。にもかかわらずクラブのママになるというのだ。

内心、ホント？　大丈夫？　できるの？　この人の下で働くの？　といった気持ちになるな、というほうが無理だ。

みんなが彩歌のことをバカにしちゃまずい。朋子はすかさずリードをとる。

「彩歌ちゃん、あらためてみんなにあいさつしてもらえる？」

「はい、華乃《はなの》彩歌と申します。お母さんは、あ、すみません、母は華乃真由美です。いま九州外国語大学の2年生です。今日からお世話になります。何もわからないのでご迷惑をかけると思いますが、どうぞよろしくお願いします」

彩歌が話す姿を見て、中堅組はそれぞれ感慨深くなった。

（前に見たときは、彩歌ちゃんが高校生のときだったかな……。大きくなったわ）

（わたしも20歳のときは、こんな清楚な感じだったのに……）

（さすがママの娘だわ。かわいいし、これ、ママの服ね。親子だわ）

若手組は、初めての事態を理解しきれていない。

（こんな若い子がママ？）

（真由美ママやチーママに、なにか考えがあるのかな……）

（じゃあ、なに？　歳はわたしより下なのに、わたしのほうが下っ端というわけ？）

さいわい、真由美はスタッフみんなに好かれ、頼られていた。目の前の女の子は20歳だろうと何歳だろうと、大好きな真由美ママの娘である。それに、そもそもここは真由美ママの店なのだ。彩歌は経営者の家族なのだ。ママ代理とは、すなわちママ同然である。自分たちはそれを受け入れ、一緒にやっていかなくちゃならない……。

「さあ、時間よ。お店を開けるわ。ママ代理といっても、彩歌ちゃんはこの仕事初めてなの。だから、今夜はお客様にママ代理って言わなくてもいいわ。新人さんとして紹介しましょう。名刺もまだつくっていないしね。それと、今日はわたしがつきっきりでフォローするけど、みんなも優しく教えてあげてね」

「よろしくお願いします」

彩歌がもう一度頭を下げて、ミーティングが終わった。

美佳がドアを開けると、３人のお客が入ってきた。

「わぁ！　びっくりしたぁ〜。いらっしゃいませ〜」

「なんだ、なんだ、客が来てびっくりするとは、ここはよほどヒマな店なんだなぁ」

客の一人がふざけて言う。

「もう～、秋山さんたらいじわるなんだから～」

美佳がボックス席まで案内すると、すかさず忍田がおしぼりを手にボックス席に向かった。そのようすを見て、朋子が小声で彩歌に言う。

「さぁ、彩歌ちゃん、行くわよ。ま、じっくり見てて。でも、お客さんに話しかけられたら、ちゃんと答えてよ」

返事をした彩歌は、朋子のあとについてボックス席へ。

「君、見たことないね？　新人？」

「はい……」

3秒か4秒程度だろうか。彩歌が何かを話すと思い、ボックス席の全員がだまって待っていた。しかし、彩歌は何も言わない。みかねて朋子が言う。

「新人の彩歌ちゃんです。今日が初日なの。おてやわらかにお願いしますね」

あわてて彩歌も頭を下げる。

「はじめまして。新人の彩歌です」

「いくつ？　って聞いたらまずいか」

「彩歌ちゃんは20歳ですよ。お酒も飲めるオトナの女性ですよ」

と言って朋子は、ふと思った。

あら、彩歌ちゃんってお酒飲めたかしら……。とりあえず今夜は飲めないことにしておいたほうがいいかもしれない……。

「なんて、お酒が飲める年齢なんですが、この子はまだあまりお酒が強くないんです。秋山さん、悪いこと考えて飲ませちゃだめよ」

そう言ってみんなを笑わせたあと、忍田が飲み物の用意を終えるまで美佳が場をつなぐ。

「秋山さんは水割りですよね」

彩歌は仕事を覚えようと、美佳の手元に真剣に目をこらした。

まずは飲み物のお伺いをたてなければならない。ウイスキーの水割りを飲むお客がもっとも多いのだが、濃いめを希望する人もいれば、薄めをお願いされる場合もある。ストレート、ロック、ハイボールと、お客によって飲み方はさまざま。

寒い季節になればウイスキーのお湯割を望むお客もいるから、あらかじめお湯も用意しておかなければならない。

焼酎を希望するお客も多く、ウイスキー同様、水割り、ロック、炭酸割り、お湯割りをすみやかに用意する。

アルコールが飲めないお客もいる。烏龍茶やジンジャーエールを注文する人が多いが、なかには、水でいいという人もいる。


美佳はさすがだ。秋山の連れにも尋ね、ウイスキーのロックと焼酎の炭酸割りという希望を聞き出している。美佳の接客に感心していると声をかけられた。

「彩歌ちゃん、お願いね！　ぼーっとしないでね」

「えっ？　あ、ハイ！」

と返事はしたものの、何をお願いされたかわからない。どうしよう……。

と、そのとき、朋子が助け舟を出してくれた。

「あらぁ、彩歌ちゃんの記念すべき1杯目のお酒づくりをまかせてくださり、ありがとうございます！　彩歌ちゃん、さあ、とっておきのおいしいウイスキーのロックをつくってさしあげて」

秋山の連れが注文したロックを美佳から頼まれたのだが、緊張のあまり耳に入らなかったのだ。

「はい、では彩歌ちゃん、グラスに大きめの氷を入れて、そう、それがいいわね。次にウイスキーを指1本分くらい入れて……。もう少し……そう、それくらい。そしたらマドラーで音をたてないようにクルクル回して……。はい、『お待たせしました』と出してね。次は同じように焼酎を入れて、炭酸を注いでちょうだい……。はい！　たいへんお待たせしましたぁ～」


お客は、まず乾杯をする。なるべく早く、待たせないように、しかし急ぎすぎて雑な動きになってもいけない。

居酒屋は、とにかく1杯目のビールを早く提供することが重要だ。テキパキとした動きが求められる。しかしここはクラブである。お酒1杯の単価が居酒屋と比べて高い分、早さに加えてスマートさ、あるいは品性が求められる。

彩歌は水商売が初めてだから、わからないのは無理もないが、中堅クラスの美佳にしてみれば、彩歌の態度がもどかしい。つい、イライラしてしまい、強い口調で言ってしまうというわけだ。

ホステスはお酒をつくることができればいいわけじゃない。いちばん大事なことは、お客の情報を知ることである。

どんな酒を飲むか、どんな飲み方かといった、お客の好みを覚えるのが基本中の基本だ。いや、基本中の基本はほかにもある。お客はどんな仕事をしていて、どんな立場なのかという、お客の属性を覚えることである。

朋子も真由美の次にこの業界が長い。それだけお客情報の重要性は知っている。

朋子は席を離れ、カウンターに炭酸水を取りに行った。黒服に声をかければボックス席に持ってきてくれるのだが、彩歌にアドバイスをするため、わざと席を離れたのである。

「彩歌ちゃん、ちょっと取りに来てくれる？」

炭酸水のボトルをかかげ、彩歌を呼ぶ。耳元で早口で伝える。

「彩歌ちゃん、グラスの中身が減ってきたら、『2杯目も同じものでよろしいですか？』と確認してから、お酒をつくってね。それから黙ってないで、お客さんに話しかけて。今日はお忙しかったんですかとか、濃さはいかがですかとか、お好みの焼酎がありますかとか、質問をすればいいのよ」

ホステスの仕事は、酒をつくることではない。おしゃべりすることでもない。お客に話をさせることである。

人は話をしたい。人は話を聞いてもらいたい。自分の話をすることでいい気分になったり、ストレスを軽くすることができる。

かといって、お客は自分から話しだすとはかぎらない。ホステスが質問をし、質問に答えることで話し始めるきっかけができる。ホステスが相槌を打ちながら、感心したり、おもしろがったりして話を聞いてくれることで上機嫌になれるのだ。

「お客様に質問をするスタイルで話しかけるのよ」

「今夜、なぜ、お客様が飲みに出たかという理由を引き出すことで、お客様の満足度を上げるのよ」

「お客様にたくさん話してもらうことで、お客様の情報を集めることができるのよ」

真由美ママがいつも朋子たちに言っていることである。

真由美が不在のいま、朋子は自然と彩歌に伝えているというわけだ。

席に戻った彩歌は、何か質問をしなければとあせった。何を聞こうかと考えるのだが、いい質問が浮かんでこない。

美佳とお客は会話をしているのだから、その話を聞いて質問をすればいいのだが、そんなことは彩歌にはわからない。

そのうち、灰皿を交換するよう美佳に指示され、飲み物のお代わりをつくるよう指示され、お客がトイレから戻ってきたときのおしぼりを用意しておくよう指示された。

なんかわたし、みなさんに迷惑をかけている……。足をひっぱっている……。美佳さんには、なにボサーっとしているの！　という目で見られている気がするし、麻里さんは、わたしのほうを見ようともしない……。わたしには向いていないんじゃないかしら……。

「彩歌ちゃんって、大学生なんだって？」

お客に話しかけられているというのに、マイナス思考におちいった彩歌の耳に入らない。

案の定、美佳がイラっとした声で言う。

「ちょっと！　彩歌ちゃん！　若いのに耳が遠いの？」

「えっ？　はいっ？　お代わりですか？」

「あぁ～、最低～。すみません。女の子代わらせますね」

そうお客に声をかけ、美佳は朋子のところへ立っていった。

「緊張しているのかな？　今日が初めてなんでしょう？」

お客は優しい。彩歌に気づかって声をかけてくれるが、お客からお金をいただく以上、お客に気をつかわせたり、退屈させてはいけない。

「すみません……。こんなにむずかしいこととは知らなくて……」

そこへ亜紀がやってきた。

「はぁ〜い、亜紀で〜す。季節は春ですが、名前は亜紀です！」

接客していないときはクールな亜紀だが、お客の前に出るとプロと化す。

彩歌と交代だという。正直、ホッとした。


カウンターの内側に呼ばれ、朋子に小さな声で注意された。

「彩歌ちゃん、いい？　笑顔をつくって。つくり笑顔でいいから、笑顔でいて。それと、もう一度言うわね。お客さんの話を聞き、お客さんが話したことに関して質問をするのよ。どうしても質問が思い浮かばなかったら、お客さんが言ったことをそのまま聞き返すといいわ」

「そのまま聞き返すんですか？」

「そう、たとえばね、お客さんが『ビールがおいしい』って言ったら、『ビールがおいしいですか?』と言うのよ。『今日は疲れた!』って言ったら、『お疲れなんですね?』と言えばいいのよ。お客の使った言葉を使って、オウムのように同じことを言えばいいの。それならできるでしょ?」

朋子が言い終わったとき、新たなお客が来店した。4名だ。朋子の顔が明るくなった。その顔を見て、思い出した。そうだ、笑顔だった……。

朋子のアドバイスどおりにはいかなかったが、しどろもどろでなんとか接客する。朋子以外のホステスは何も教えてくれないが、さいわいお客がかまってくれる。

「そうかぁ、彩歌ちゃんは今日からなのかぁ。がんばれよぉ~。こんなお姉さんみたいになるなよぉ~」と、ふざけてほかのホステスをけなして笑わせる。

20時に3名、20時30分に4名、21時には2名、21時30分には1名が来店し、クラブ麻由美はにぎやかになってきた。

お店は活気をおびてきたが、彩歌の心は晴れない。どうしてもお客に質問ができないからだ。大学の友だちとはあんなにおしゃべりできるのに、どうしてこんなに話せないんだろう……。

30分が3時間にも感じられた。

0時を30分ほど過ぎ、お客が1組になったとき、彩歌は朋子に呼ばれた。

「彩歌ちゃん、慣れない仕事で疲れたでしょう？　今日は新人ホステスとして仕事をしてもらったけど、1日の最後はママ代理としての役目があるのよ」

「はい、教えていただければなんでもやります」

「お給料よ。毎日、お店が終わったらお給料を渡し、ママが鍵を閉めて帰るの。今日はママに頼まれてわたしがお金を用意しておいたけど、明日からはお金の管理は彩歌ちゃんにお願いするわね。いま、みんなのお給料の額を言うから、ちょっとメモして」

お金のことなど考えてもいなかった。あわててメモとペンを用意した。

「えーと、女の子たちは時給3000円なのね。今日は8時から1時だから、5時間でしょ。だから一人1万5000円ね。美佳さん、淳子さん、結ちゃん、有希ちゃん。乃愛ちゃん、麻里ちゃん、亜紀ちゃんの7人ね。1万5000円の7人だから、全部で10万5000円か。それと忍田さんが7000円で、わたしが2万5000円なの。メモった？　お客さんがお帰りになったら、いま言った額を渡してね。『おつかれさまでした』って渡すのよ」

「はい、わかりました。ありがとうございます。あのぉ、ひとついいですか？」

「いいわよ。なに？」

「わたしのお給料はいくらなんですか？」

朋子はプッと吹き出し、笑いながら言った。

「彩歌ちゃん、お給料をもらえるって真由美ママから言われたの？　残念でしたぁ。彩歌ちゃんはお給料出ませ〜ん。ゼロよ、ゼロ」

あやうく大きな声を出しそうになった。が、察したのだろう。とっさに朋子が人差し指を立てて、シーというしぐさをした。

「えっ……ゼロなんですか？　お給料……」

小さく、絞り出すような、泣きそうな声だ。

「そりゃそうよ。あのね、経営者はお給料って、ないの。報酬って言うらしいわよ。月末にまとめておろすって言ってたわよ。ママが。月何十万って決まってるはずだから、彩歌ちゃんは真由美ママからもらうといいんじゃないかしら。ママにＬＩＮＥしてみてね」

そういえばお金の話を聞いていなかった。でも、手術が近いからなぁ……。お金のことで連絡するなんて、なんかよくないよね……。手術が終わったらＬＩＮＥしてみよう。

1万5000円ずつを7人分、忍田の7000円と朋子の2万5000円を、いつでも渡せるように準備した。

するともう一度朋子が近づき、通帳とカードを渡された。

「ママからあずかっていた通帳とキャッシュカードよ。明日からは彩歌ちゃんが管理してね。ママが何日か分の支払いに必要なお金を入金してくれているわ」

通帳を開いて彩歌はびっくりした。けっこうな残高だ。

「これ、何日か分じゃなくて、1カ月分くらいありそうですが……」

朋子は、彩歌が開いた通帳をちらっと見て、カウンターの下にしゃがむようにうながした。

「あのね、支払いってお給料のほかにもあるのよ。おしぼりやお酒のお金があるでしょ。ミネラルウォーターや炭酸水も酒屋さんに持ってきてもらうんだけど、そういうのは全部現金払いなのね。電話で注文をして、お店が始まる前に配達してもらったら、そのつど払うの。あと、ここのお家賃も払わないといけないでしょ。ここ、いくらかわかる？　60万よ。でも、高くはないのよ。むしろ、安いほうね。あと、みんなのお給料は毎日ね。今日は彩歌ちゃんが来るから全員に出てもらったけど、平均したら毎日5人か6人ってとこね。わたしを含めて。それを、毎日ママが用意しなくちゃならないのよ」

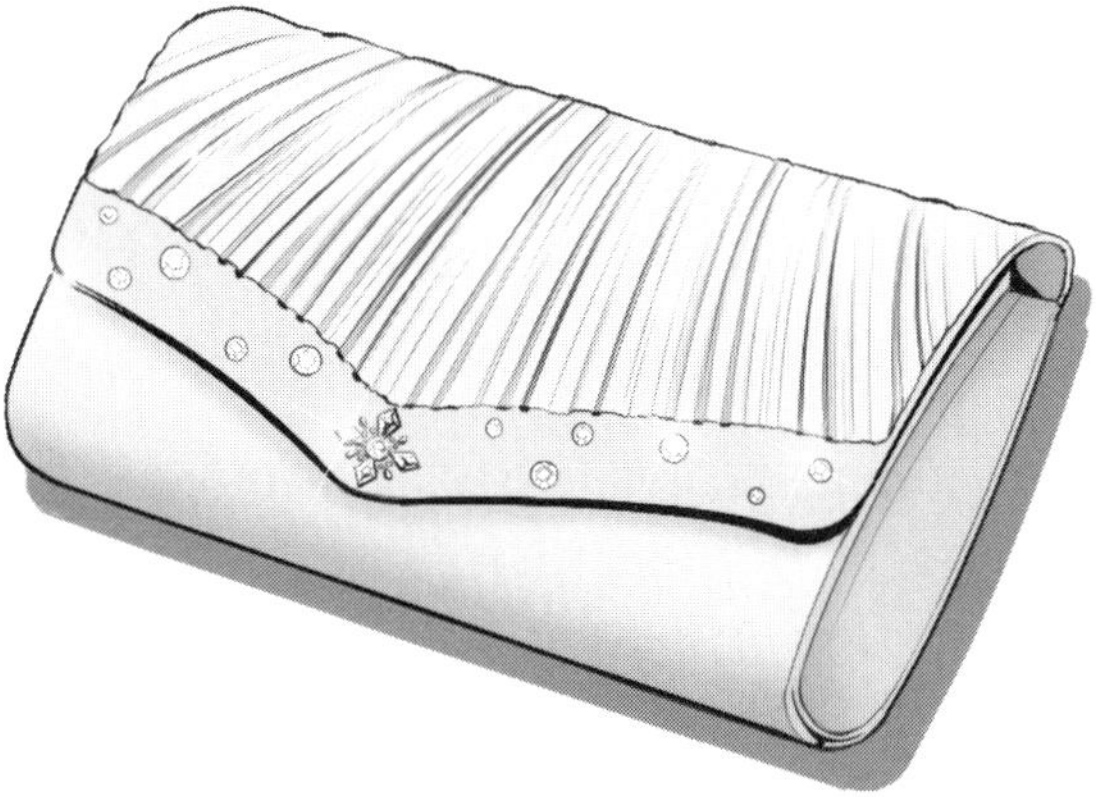

とっさに計算はできないが、毎日十数万円は必ず払わなければならないということはわかった。ほかにお家賃も月末に払わなければならないという。60万円も！

でも、ふと気がついた。お客さんからいただくお金があるから、そこから払えばなんとかやりくりできるのではないかしら？　と思い、通帳とカードをバッグにしまった。

Story 4

お客様は少ないのにお給料は同じ？

「もちろん大学にはちゃんと行ったわよ！」

聞かれたら、そう言いたかった。でも、ムリ……。完全にムリ……。だって、目が覚めたらお昼過ぎ。今日は1限から3限目までが授業だから、今から大学へ行ったところで、受ける授業がないのだ。

真由美から電話がこないことを祈り、あとで朋子から聞かれないことも祈りつつ、彩歌は目覚めのシャワーを浴びた。

シャワーを浴びながら、昨夜のことを順に思い出していた。

初出勤から帰宅したら、猛烈な空腹感に襲われたこと。

しかし、簡単に食べられるものを用意していないから、炭酸水を飲んで気をまぎらわしたこと。

シャワーを浴びて、今日のことを真由美に報告する下書きをしておこうと携帯を触っているうちに、おそらくすぐ寝てしまったこと。

そして気づいたら昼を回っていたこと。

かなり疲れていたのだろう。10時間くらい寝ていたにもかかわらず、疲れが残っているように感じる。

全身が筋肉痛のようだ。からだに力が入っていたのだろう。からだだけではなく、気持ちもモヤモヤしている……。

「大学は休まずに行くこと」

真由美との約束を、なんと初出勤した翌日に破ってしまったのだ。

あ〜、もう〜、わたし、なにやってんだろう……。

こうなったら、明日からはなんとしても大学とお店を両立させなければならない。自分がちゃんとした生活を送らないと、お母さんの手術もうまくいかない。

よぉ〜し、今夜は帰ったら素早く寝て、明日はふだんどおり大学へ行こう。

そう決意して浴室から出ると、大学の友達からメールが届いていた。姿を見せなかった彩歌を心配しているのだ。

手早く返信をして、食事をとることにした。丸1日近く、なにも食べていないから、おなかがすいてしょうがなかったのだ。

真由美からは、なにも連絡がない。今日も手術前の検査をしているのだろう。こちらからメッセージを送るのはやめておこう。

ドライヤーをかけたら、なんだか変になった。髪をセットしてからお店へ行ったほうがいいかな……。こういうときは、手慣れたプロにおまかせするのがいちばんだ。

昨日、衣装選びで最終的に残った赤系のワンピースの1着に袖を通し、彩歌は家を出た。

「おはようございます。あのぉ、予約していないんですが、セットをお願いできますか？」

真由美にくっついて、二、三度行ったことがある美容室に飛び込んだ。真由美は毎日利用しているが、少なくとも2年以上、来店していない彩歌のことは、おそらく誰もわからないだろう。

「はい、いらっしゃいませ。もしかして真由美ママのお嬢さんですか？」

たしかこの人が、ここの先生？　店長さんだったっけ。名前は忘れたけど……。それにしても、わたしのことを覚えていたわけ？

「はい、そうです。もう2、3年来ていないんですけど」

「覚えていますよ。真由美ママと何度かいらっしゃいましたよね」と笑顔。

「はい。あー、なんかうれしいです」

「真由美ママは毎日、いらっしゃいますし、ときどきお嬢さんのことも話すんですよ。だから、お顔を見て、すぐにわかりました」

昨日から母親の店に手伝いに行き始めたこと。頭はどうすればいいかわからないから、おまかせすること。母親は用事があって、しばらく仕事に出られないこと。これらのことを彩歌から伝えると、店長が教えてくれた。

真由美ママが親戚の介護でしばらく福岡を離れること。代わりに娘に手伝ってもらうこと。娘は大学へ入ってから、友だちと他の美容室へ行っていること。これらを真由美から聞いているという。

店長の話を聞きながら、彩歌は、何度も繰り返し同じことを考えていた。

それにしても、よくわたしのことを覚えているなぁ。お母さんのことはもちろんだけど、わたしのことまで。こういう人をプロフェッショナルというのよね……。

「明日は思い切って、髪をアップにしてみましょうか」という声に送られて、彩歌は美容室を出た。

銀行のＡＴＭに寄り、店に着いたら鍵がかかっていた。誰よりも早くお店に出るという約束は、２日目も守ることができた。出勤いちばん乗り。これだけは絶対続けようと思いを新たにする。

さて、今日は自分を含めて５人態勢。昨夜、帰りがけに朋子から渡されたシフト表を見れば一目瞭然だ。要領がわかったので、誰も来ないうちに各自の日給を用意しておくことにした。

お金を封筒に入れ、自分のバッグにしまい、いま一度通帳を見た。

昨夜も思ったが、百数十万円もある。こんな額の通帳は見たことがない。自分の通帳は、いちばん多いときで残高が10万円くらい。

今日のお給料分は６万２０００円で……昨日のように人数が多いときだと14万円くらいで……お酒やお水の支払いもあるって言ってたから……キリのいいところで１日10万円とすると……あ、やっぱり２週間分くらいあるわ。

じゃなかった！　お店のお家賃が60万円って言ってたから……、え！　ちょっと待って……、ここからお家賃の分を引くと、１週間分くらいしかないってこと？

お釣りや支払いに必要な分をレジに確保したら、あとは口座に入金しておけばいいって朋子さんが言っていたけど、売上がたくさんないと、通帳の残高は減っていくばかりだわ……。お酒の支払いって、どれくらいかかるんだろう。あとで朋子さんに相談してみよう。

フロアの掃除をして、テーブルやシートを拭き、グラスを洗うと、あっという間に1時間半が経った。19時30分。開店30分前である。

「おっはよ〜」と朋子が明るい表情で入ってきた。「おはようございます!」と顔をあわせると、「あら、きれいになってるわね」と笑顔の朋子。つられて、こちらも笑顔になる。

朋子さんの笑顔っていいなぁ。こんなふうに笑顔であいさつするって、大事だなぁ。

「朋子さん、教えてほしいことがあるんですけど」

「あら、なぁに」

「昨日、教えていただいた、酒屋さんへの支払いなんですが、だいたいいくらぐらい用意しておけばいいんでしょうか」

「そうね。なんだかんだで5万円くらいかな」

「え、そんなになにですか?」

「ウイスキーやビールのほか、氷やお水も配達してもらうし、おつまみもけっこうかかるでしょ？　あと、毎日じゃないけどお花もそうだし、おしぼりだってかかるからね。その日の売上から払ったり、自分のお財布から立て替えたりしたらわかりにくくなるから、毎日、５万円を分けて用意しておくといいんじゃない？」

「はぁ……。ということは、お店の通帳のお金って、あと5日でなくなってしまうということですか」

「そうよ。昨日、言ったじゃない。５日かどうかはわからないけど、通帳には、何日か分のお金しか入っていないって」

「……」

困惑度というものを計ることができるのであれば、一気に上昇しているのだろう。彩歌は固まっている。声が出ない。

「そんな困らなくていいわよ。毎日の売上が1日の必要経費を上回っていれば、通帳の残高は減らないんだし、たくさんの売上があれば、残高は増えていくんだから」

困惑度は少し下がった。声が出た。

「朋子さん、すみません。毎日、いくらくらいの売上があれば困らないんでしょうか」

「前にママが言ってたんだけど、１日の売上が30万円あったら、なんの心配もないって。

ときどきあるのよ。売上が30万円を超えることが。そんなときは、ママがおいしいものをごちそうしてくれるわ（笑）」

「どうやったらそんな売上になるんですか？　高いお酒を勧めればいいんですか？」

「違う、違う（笑）。ダメよ、高いお酒を勧めちゃ。売上を上げようと思ったら、お客さんの数を増やさなくちゃだめよ。……って、これ、不動産屋の社長さんに教えてもらったんだけど（笑）」

ふつうなら、ここで「不動産屋の社長さんからですかぁ？」と返すところだが、彩歌の関心は売上である。

「お客さんの数がなん人くらいだったらいいんですか？　すみません。質問ばっかりで」

「いいのよ。でも時間がないから手短に言うとね、うちはセット料金が1万5000円でしょう。ミネラルウォーターは何本飲んでも追加でかからないけど、炭酸は1本1000円なのね。まあ、そんなこんなで、いわゆる客単価が2万円くらいなの。で、30万円が理想だとすると、30万割る2万円で15人ってことになるのよ。毎日15人のお客さんが来店してくれたら、いろんな支払いをしても、残高は増えていくってことよ（笑）」

「わかりました。ありがとうございます」

時計を見ると開店10分前。そのころ、淳子、乃愛も出勤した。忍田はいつの間にか仕事を始めている。あいさつをしないので気づかなかったのだ。

彩歌はもう一度、計算した。

まず、昨日の客数を思い出した。3人……4人……2人……1人……10人だ。やば……5人たりない。あ、そうだ、たしかに昨日、酒屋さんが来て4万円払ったんだった。ということは全部で18万円くらい使ったけど、売上は20万円ということか……。トントン……じゃまずいのよね。トントンじゃあ！　なんとしても今日は15人以上、お客さんに来てもらわないと困るわ……。

15人が目標！　と頭の中で何度もつぶやく彩歌。

しかし、である。9時までに1人。10時までに3人。23時までに2人。いまに来る、いまに来る、と願い続けているうちに0時になった。その夜、来店したお客は6人。

昨日より少ない……。目標数字の半分もいかなかった。もろもろの経費を考えると赤字である。

スタッフが帰る際、朋子に教えてもらったように「お疲れさまでした」と現金の入った封筒を手渡す。スタッフは「ありがとうございまぁーす」と言って受け取るが、手渡す彩歌は、なんだか損をしているような気になった。売上は少ないのに、スタッフがもらう金額は変わらないからだ。

仕事をしていないわけではない。間違いなく仕事はしてくれているのだが、昨日よりお客の数が少ないのだから、昨日より仕事量は少ないはず。それなのに、もらうお金は同じというのが、彩歌にはどうにも納得できないのである。

今日は慣れない接客で疲れたというより、お金のことでストレスが増えたという感じだ。このままだと、いずれお家賃の分まで使ってしまうことになる。お母さんに言おうかな……。でも、2、3日以内に手術のはずだから、こんなときにお金の相談はできないし……。やっぱり朋子さんに相談するしかないか。

あとは照明を消し、鍵をかけて店を出るだけという段階で、朋子に話しかけた。

「朋子さん、今日もご指導ありがとうございます。あの、変な聞き方で申し訳ないんですが、お金がたりなくなりそうなときは、どうすればいいんでしょうか」

「ああ、お金ね。わたしもちょっと気になっていたのよ。今日、お客さんが少なかったからね。どうしたらいいか、わたしもわかんないんだけど(笑)、ママだったらどうするかって考えてたのよ」

「母だったら、ということですか」

「そう。真由美ママなら、こんなとき、どうしていたかなぁって。それでね、おそらくこう考えるわ。2つあってね、ひとつは、当面必要なお金を借りること。もうひとつは、来店客を増やすための営業に力を入れること。まあ、いまはまずお金を確保して、同時にお客様増大作戦を考えていくのがいいんじゃないかしら」

「わかりました。そうします。それで、どこから借りればいいんでしょうか」

「それなのよねぇ……。ママは前に、貞行さんという社長からお金を借りたことがあるのよ。そのときは現金で300万円借りることになって、心配だから一緒に行ってほしいってママに頼まれてね、貞行社長の会社まで行ったことがあるの。常連さんも常連さん。とてもいい社長さんだから、貞行社長にお願いしてみるといいかもね」

「サダイキさんって、変わったお名前ですね」

「そう！　全国に20人くらいしかいないらしいわ。ちょっと、そこの名刺ファイルをとって。『サ』のファイルよ。貞行社長の名刺があるから」

北九州商事の代表取締役。貞行淳一。北九州市黒崎に本社がある。名刺からわかるのはそれだけだが、朋子が補足してくれた。

クラブ麻由美の20年来のお客。

本社は北九州市だが、仕事上、福岡で飲むことが多い。

中洲に来たら、必ずお店に寄ってくれる。

紳士で、口数は多いほうではないが、ときおり冗談のようなことを言う。

まじめな顔をして言うので、冗談か本当のことかわからないことが多い。

とてもいい人で、お店にとってなくてはならないお客さんの一人である。


明日、午後いちばんに電話をして、お金を借りるお願いをしてみることになった。

「わたしが電話しようか？」と朋子が言ってくれるのを期待したが、まったく逆の言葉を聞いて、その夜はわかれた。

「がんばってね。ママ代理！　大丈夫よ。ママの娘ですって言えば。じゃあね。お疲れさま！」

Story 5

常連客から500万円を借りる

会ったことがない人に電話するのは、とても緊張する。しかも、会ったことがない偉い人にお金を借りる電話だからなぁ……。

どうしよう、どうしようと思いながら1、2分が過ぎ、「はじめまして……」と、何度も練習しているうちに午後1時を10分ほど回っていた。

ええい、ダメもと！

彩歌は、思い切って名刺に書いてある携帯の番号にかけた。

「はい、貞行です」

「あ、わたし、クラブ麻由美の華乃真由美の娘の華乃彩歌と申します」

「ああ、そうですか。真由美ママのお嬢さんですか」

「はい、そうです。はじめてお電話を差し上げます。チーママの朋子さんから名刺を見せてもらって電話をしています。ごめんなさい。突然。あのぉ、いまお電話よろしいでしょうか」

「ああ、いいですよ。どうしたんです？　ママに何かありましたか？」

「あ、いえ、母は何もないんですが、じつは、お願いがありまして、貞行社長様のところへ、おじゃまさせていただきたくて電話をしたんですが……」

「そうですか。ママが電話しないで、お嬢さんに電話させるとは、相当の難題をふっかけられるのかな（笑）」

「あ、いえ、母は事情がありまして、しばらくお店をお休みすることになったんです。それで母の代わりに、わたしからお願いすることになりまして……」

「おや、お休み？　珍しいねぇ。ママが店を休むとは。ま、その件はかまわなければ、あとから聞くことにして、よければ、そのお願いとやらをいま言ってごらん。わたしのところはね、北九州市に会社があるんだよ。お願いを言いに来てもらって、お応えできなかったら悪いからね（笑）」

「でも、電話でお願いするのはちょっと……と思ったんですが、すみません。やっぱり言います」

「ええ、いいですよ。どうぞ」

彩歌は単刀直入に話した。

母が急な用事でお店を休むことになり、自分がママ代行として勤め始めたこと。

お金がたりなくなりそうなので、朋子に相談したところ、貞行社長にお願いしてみるといいのではないかと言われたこと。

借りたお金はちゃんと返すこと。

3つ目の、借りたお金は返すというのは当たり前だが、必死な彩歌は、そんなことも懇願するように一気に話した。

「そうですか。わかりました。で、いくら貸せばいいんですか？」

えっ！　あっさりと「わかりました」って、すごい……貞行社長って……。

「あのぉ、500万円は無理でしょうか……無理でしたら300万円でもいいんですが」

「500万円ですね。いいですよ。今日は、もう13時を過ぎているから、明日、わたしの会社まで来ていただけますか。お金だけなら振り込めば済む話だが、借用書を書いてもらわなければならないし、お金が必要な理由も電話じゃなくて、会って伺いたいからね。どうです？　明日はご都合いかがですか？」

とんとん拍子に話が進み、翌日の11時30分に面会の約束をした。

しまった！　電話を切ってすぐに思い出した。大学の授業のことを忘れていたのだ。彩歌は東京のほうを向いて手を合わせた。

お母さん、ごめんなさい。明日だけ、明日だけ大学をお休みします。

まるで神社でお願いごとをしているかのようだ。母親は神様ではないし、亡くなったわけでもないが、手を合わせて祈れば、見逃してもらえるような気がする。

夕方、店に出て開店前の準備を済ませ、出勤した朋子に報告した。

「それじゃあ、明日、わたしもついていく？」と言ってくれないかと期待したが、朋子はあっさり答えた。

「よかったわねぇー。お金盗られないように気をつけるのよ。もう、すぐ入金しちゃえばいいわね。北九州市なら銀行はどこにでもあるから。で、どうするの？　お金が必要な理由よ。というより、ママのことね」

500万円もの大金を借りるのだ。本当のことを言おうと思っていると、朋子に話した。

その日の来店客は8人。前日よりは多いが、目標数の半分である。しかも、スタッフの数は前日より多い。したがって利益は出ない。

こんな調子だったら、お金を借りても返せないのではないか……。

不安なうちに3日目の夜も過ぎた。

4日目の朝を迎えた。あまりよく眠れなかった。

早めに北九州市に向かった。遅刻してはたいへんである。初めて行くところだ。携帯のナビが誘導してくれるとはいえ、会社の看板や入口を見落としてはいけない。すぐわかるといいのだけど……というのは杞憂で、貞行社長の会社はすぐわかった。立派な建物だ。大きい。気おくれしそうだ。いや、気おくれしている。

北九州商事は年商500億円。社員数500名を超える商社だ。1階入口を入ると、受付がある。テレビで見るように、カウンターの向こうに受付嬢が座っている。

来年になれば、就職活動でこのような会社を訪問することになるのだろう。その日に備えて、今日はいい練習になる。

「11時半に貞行社長とお約束している、華乃と申します」

彩歌は気づいた。名刺を持っていないことに。今ごろ気づいても遅いのだが……。もし聞かれたら、今日は忘れたと言おう。

「華乃様ですね。お待ちしておりました。そちらのエレベーターで8階までお上がりいただけますか。8階で降りられましたら、担当の者がおりますので」

キリッとしている。話し方が明瞭で、ちょうどいいスピードで、声の大きさも小さ過ぎず、大き過ぎず、なにより笑顔がすてきだ。

ちゃんとしているなぁ。すごい会社だなぁ。でも、それだけ教育は厳しいということかしら。教育熱心な怖い社長さんということ？　あぁ、どうしよう。どうか優しい社長さんでありますように。

そう願っていたら、8階に着いた。ほんとだ。女性社員が待っていた。

さきほどの社員はかわいいという感じだが、8階の社員は落ち着いた雰囲気で、ものすごくきれいな人だ。きっと社長秘書だろう。

「華乃様がお見えになりました」

ドアを小さく3回ノックしたあと、柔らかいが、よく通る声でそう告げて、社長室の中へ通してくれた。

「こんにちは。どうぞおかけください」

腰かけていた椅子から立ち上がり、応接ソファを手で示してくれた。

貞行社長は、ひと目で紳士とわかる。メガネがちょっと知的な感じ。お母さんと同じくらいの年齢かしら。怖くなさそう。よかった……。

「遠いところ来てくれてありがとう。今日、中洲へ行く用事があればよかったんだけど(笑)、あいにくなくってねぇ。今夜はこっちで会合があるものだから」

「いえ、そんなわざわざ。お忙しいのにお時間いただきましてありがとうございます」

「ところで、ママはどうしたんだい。差し支えなかったら話してもらえないかな。いや、ママとは古い付き合いなんでね」

彩歌は話した。


母は舌にガンができて、東京の病院へ入院したこと。

舌ガンのことを知っているのは、チーママの朋子さんと自分だけであること。

おそらく、木曜日の今日か明日、手術をおこなうこと。

母に頼まれてお店を手伝うことになったが、成り行きで〝ママ代理〟として3日間が過ぎたこと。

お店のスタッフに払うお給料や、酒屋さんに払うお金がけっこうかかること。

母から渡された通帳の残高ではぜんぜんたりないこと。

お金がたりなくなりそうなことは、自分の母親の力不足を非難しているようで言いたくなかった。しかし、お金を借りる以上、理由を正直に話すことは重要であると考え、思い切って打ち明けた。

「そうですか。よく話してくれました。わかりました。ママが入院したことは誰にも言わないから、安心してください。そういうことなら、お金をお貸ししましょう」

貞行社長は立ち上がり、大きな机の陰から紙袋と、机の上から紙を1枚手にしてソファに戻った。

「金額は500万で、金利は1割とさせていただきます。ほかで借りると15パーセントはかかるでしょうから、10パーセントなら良心的と思ってください。よろしいですか」

そう微笑みながら言ったあと、書類をテーブルの上に広げた。

「では、この書類に日付と住所、彩歌さんの名前を書いて、印鑑を押してください。借用書です」

収入印紙も貼ってある。彩歌は、声に出さずに読んでみた。

わたしは貴殿より上記金額を借用しました。但し、利息は年一割。返済期限は……。

目を通したあと、名前などを書き、ハンコを押した。

「来月からでけっこうですが、毎月月末までに、50万円を振り込んでください。口座はここに書いています。それと、返済とはべつに、ひとつ約束してほしいことがあるのですが」

「はい……」

貞行社長は、まっすぐ彩歌の目を見て言った。


「がんばって仕事をしてください。がんばって客数を増やしてください。毎月50万円を返済するのは容易なことではありません。ふつうに仕事をしているだけでは、余分に50万円を稼ぐことはできません。相当がんばらなければ、1年間にわたって返していくのはむずかしい。だからがんばるのです。どうすればお客が喜び、満足し、客数が増えるかをよく考え、お店のみんなで相談し、実行するのです。ママが退院すればなんとかなる、なんて考えていたら、それは違うよ。ママが不在のあいだに、お店をつぶしてしまってはどうしようもない。お店はママしだい。つまり、今のクラブ麻由美は、ママ代理である、あなたしだいということです。ですから、がんばって仕事をすると約束してください。いいですか？　よし。では、オジサンの説教はこれで終わりだ。飯でも食いに行こう」

そう言って、ニッコリ笑った。

ランチのあいだ、貞行社長がいろいろ話しかけてくれたが、正直、あまり覚えていない。どうすればお客様が喜び、満足し、お客様の数が増えるか。それを考え、動かないと50万円を返済するのはむずかしいと言われたことで、頭の中はいっぱいだったからだ。

駅まで送ってくれたが、帰りの電車の中では考えごとをしないようにした。よけいなことは考えず、手元に意識を集中した。５００万を北九州市で入金しないで、そのまま電車に乗ってしまったからだ。

この紙袋の中に５００万円が入っていることを知っている人はいない。でも、油断できない。居眠りはできないし、ひったくりにあうわけにもいかない。電車車内に忘れるなんて、もってのほか。紙袋をつかむ手に力が入る。

博多駅からタクシーに乗り、上川端にある銀行に直接向かった。窓口で入金し、ひと安心した彩歌は一度、帰宅。お店向けではない、フォーマルな服装で貞行社長のもとへ出向いたので、服を着替え、店へ向かった。

貞行社長に５００万円を借りてきたことを朋子に報告し、その日の給料を封筒に入れようとして、はたと困った。千円札がたりないのである。

両替してくる旨を朋子に言うと、どこで両替するつもりかと聞く。コンビニへ行ってくると答えたら、教えてくれた。

「わたしはいつもパチンコ屋さんに行くわ。お店のお釣りの分もほしいから、3万円分を両替してきて。パチンコ屋さんなら、すぐよ」

なるほど、パチンコ屋なら両替機があるのだろう。店から近い、明治通り沿いのパチンコ店に初めて入ってみた。

店員に尋ね、両替機の場所を教えてもらう。3万円分をすべて千円札に替え、店を出ようとしたら店員に話しかけられた。両替機は、あくまでも店内でパチンコをするお客のために設置していると。千円分だけでもいいから遊んでいってほしいとのこと。

やむを得ず千円分だけパチンコをする。したことがないから、やり方がわからない。パチンコ台をながめていると、隣の席の人が教えてくれた。何が何だかわからないうちに千円分の玉がなくなった。

急いで店に戻り、ことの次第を朋子に話すと笑われた。両替をしたら、好みのパチンコ台を探すふりをしながら、店内を歩いたのち、店を出るのだという。

かしこい両替の仕方はわかったが、これからは、あらかじめ銀行で両替をしておこうと思った。

どっと疲れた……。

今夜は何事もなく平和に過ごせますように……。

そんな願いもむなしく、この夜はヒヤヒヤさせられるお客がやってきた。

建築会社の社長、色田さんだ。

名前にイロがつくからか、単なる偶然か……。「色を好む」という言葉があるが、色田社長は、かなりエッチだ。スタッフは陰で「エロタさん」と呼んでいる。

彩歌が色田社長の右に座り、初対面なのであいさつをすませると、いやらしい目で胸を見られた。ここはがまん。ホステスの乃愛が色田社長の左に座った途端、彩歌は驚いた。

色田社長の手が乃愛の胸に伸びたからだ。

自分がさわられたわけではないが、彩歌は瞬間的に気持ち悪い！　と思った。

色田社長は、身長１６５センチくらいか。小太りで髪の毛は薄く、イケメンとは正反対の顔だ。彩歌のような若い女性からすると、〝キモイオッサン〟以外のなにものでもない。

服の上からとはいえ、不潔な手でさわられたような気がする。きれいに手を洗っているんだろうかと、心配になる。

乃愛さん、気持ち悪いだろうなぁと同情し、怒るのでは？　と見ていると、彩歌の予想をくつがえす場面が現れた。

「あら、やだ。色田社長ったら」と、うれしそうな顔で自分の手を、胸にふれている色田社長の手に持っていき、ゆっくりと、その手を下におろしたのだ。

自分だったら、「キャァ！」と叫びそうな気がする。「なにをするんですか！」と、からだをよじり、手を払いのけ、「やめてください！」と怒りそうな気がする。

ところが乃愛は、嫌な顔をするどころか、笑っている。すごい。なぜ？

驚く彩歌の目の前で、少しすると、また色田社長の手が乃愛の胸に伸びる。

「もぉ、色田社長はほんとオッパイが好きなんだから」

手が伸びるたび、笑顔でとりなす乃愛の根気強さに感心する。でも乃愛さん、本当は苦手なんだろうな。

そう思う一方、乃愛の胸にふれたくなる男性の気持ちが、わからないでもない。色田社長の行為を正当化するわけではないが、なにしろ乃愛の胸は大きい。巨乳というより爆乳？

乃愛は細身だから、よけい胸が目立つのだ。

自分は小さくはないが、巨乳でもない。だからお客さんにさわられることはないと思うが、色田社長にかぎってはわからないわ。乃愛さんがお休みの日に来店したら、わたしが狙われるかもしれない。乃愛さんの対処方法をじっくり勉強しておかなければならないわ……。


色田社長が店を出たあと、テーブルの上を片づけながら乃愛に話しかけた。

「乃愛さん、たいへんでしたね。あんなに何度も胸をさわられて」

小さな声で、心から気の毒そうに言った。すると、予想もしない答えが乃愛から返ってきた。

「そんなたいへんでもないわ。それ以上はしてこないからね」

「えー、わたし、ダメです。ああいうお客さん。できればカンベンしてほしいって感じです」

「そう？　色田さんはいいお客さんよ。優しいのよ。出張に行ったときはお土産を買ってきてくれるし、わたしが風邪をひいてお店を休んだときは、心配してＬＩＮＥを送ってくれるし、いつも思いやってくれるのよ。それに、わたしのような大学も出ていない、なんの取り柄もないホステスに、いろんなことを話してくれるの。わたしのレベルに合わせてくれるから、これがけっこう勉強になるの」

意外……。いいお客さん？　色目をつかって胸をさわるお客様がほめられている……。彩歌の常識を超えている。

「色田さんって、中洲での遊び方を心得ているほうだと思うわ。胸はさわるけど、エッチなさわり方じゃないの。本当に困るのは、エッチしたがるお客さんよ。うちのお客さんにもいるわよ。彩歌ちゃんも、いまにわかるわ。かわいいから、猛烈なセクハラを受けるわよ。もしかすると、今夜あたり来るかもよ」と言って、乃愛は笑った。

そんなの、わからなくていい……。それに、ショックだ。お母さんのお店にも、そういうエッチなお客さんが来るなんて、なんだかイヤだな。

それにしても、乃愛さんは若いのに、お客さんの接し方を知ってるなぁ。たしか28歳だったはず。このお仕事、何年やってるんだろう。接客の仕方なんか教えてくれる学校はないから、お店でいろんなお客さんを接客して、少しずつ経験を積んでいったのよね。

ママ代理のあいだは、どうか、いいお客様ばかりでありますように……。願いが通じたのだろう。その夜は、彩歌を困らせるお客は来なかった。そもそも、お客自体、少なかったからなのだが……。

お金を借りに貞行社長に会いに行き、パチンコ店で両替をし、色田社長の振る舞いに驚き、クタクタの1日だった。

明日はおそらく、お母さんの手術だわ。お母さん、心配かけまいとして何も連絡してこないけど、不安だろうなぁ……。彩歌は応援しているからね！

ベッドに入ってから、「手術がうまくいきますように」と何度も祈った。

疲れもあったが、それ以上に、お金を借りることができた安堵感もあり、祈りの言葉が5回目くらいで、深い眠りに落ちた。

Story 6

困るお客ほど勉強になる

ママ代理5日目は、1限目から大学の授業を受け、美容室へも行き、足取りも軽く店へ向かうことができた。

店へ入る前に、真由美からメッセージが届いた。

手術無事終わったよ。安心してね。

短いが、しかたない。お母さんがどんなようすか、よくわからないが、きっと点滴がつながれていたりして、携帯をいじるのも不便なんだろうな。それに、舌の手術だから、シロウトのわたしが考えたって、しゃべることは絶対ムリ。電話はできない。

メッセージが短くたっていい。知らせてくれたんだから。お店に行ったら、朋子さんにも報告しよう。お母さん、手術、無事終わったって……。

店に入り、開店前の準備をしていると朋子さんから連絡が入った。用事ができて、出勤は23時頃になるという。がっかり。店で手術のことを知っているのは朋子さんだけだから、母親の無事を伝え、一緒に喜びたかったのに……。だが、しかたない。母が手術を終えたことをメッセージで伝えた。

家族がガンの手術をして、うまくいった。こんなうれしいことはない。退院したわけではないけれど、困難なことをクリアできたのだから、お母さんはもちろん、わたしはツイテいる！

と、喜びをかみしめていられた時間は、数時間だった。昨夜、乃愛が言ったことが本当になってしまい、エッチをしたがる客、仁平《にへい》が来店したのだ。

仁平はホステスを口説くので、中洲でも有名だ。完全な〝色客〟である。一流ホステスを〝落として〟は自慢げに語る。ホステスの敵のような存在である。

どんな客かは、外見だけではわからない。ママ代行とはいえ、彩歌は新人だ。どんな客でも積極的に席につき、接客しなければならない。

「はじめまして。彩歌です」

「彩歌ちゃん、聞いたよ。ママの娘さんだってぇ。かわいいじゃない。いくつ？」

「20歳です」

彩歌が答えると、仁平は彩歌の全身を観察し始めた。頭から足の先まで、まさになめるように見ていった。彩歌は背中がゾクッとした。

「それで男性経験は？」

なんでそんなことを答えなきゃならないの！　と思ったが、一緒に席についている結子は何も言わない。助け舟を出してくれないということは、自分で対応しなければならないということか……。

どうやってかわせばいいのかがわからず、黙っていると仁平はたたみかけた。

「ママも盛んだったらしいからね。君も案外、すごいかもね」

彩歌はカチンときた。卑猥なことをわたしに言うだけではなく、母親をおとしめるようなことを口にする仁平に、カーッとなった。

こんなことを言われて反論しなければ、認めたことになるのではないか。彩歌はスーッと息を吸い込み。「失礼ですよ！」と言おうとしたら、また仁平が口を開いた。

「なかなかいい胸だねぇ。ママの娘だけのことはあるな。何カップかな……」とニヤニヤしてさわろうとしたところに、朋子が席に割り込んできた。滑り込みセーフ。

出勤は23時くらいと言っていたが、22時半に着いたのだ。仁平の姿が見えたので、真っ先に彩歌のもとへやってきたというわけだ。

「仁平さん、ウチの店はおさわりバーじゃないの。あまり若い子をいじめないでくださいね」

朋子のおかげで切り抜けた、と思ったが、安心するには早かった。

「彼氏はいるの？」

いないと答えたら、「じゃあ、俺の彼女になれ」などと迫ってくるかもしれない。とっさの判断で「はい、います！」と答えた。

彩歌が返事をした途端、背中から朋子の声が聞こえた。

「彩歌ちゃん、ちょっとごめんね。カウンターまで来てもらえるぅ？」

「すぐ戻りますね」と仁平に声をかけ、朋子はカウンターに向かった。

「つまんないやつだなぁ」と言っている仁平の声を背に、彩歌もあとを追う。

「あのね、彩歌ちゃん、お客様は、ここに何しに来てるかわかる？ 疑似恋愛よ。遊びに来ているの。一種のゲームなの。だから彼氏がいるなんて言っちゃダメなの。言ってることわかる？」

彩歌はわからない。わからないが、ここは素直に返事をしたほうがいいだろうということとは予想がつく。

「はい……。でも、こんなとき、なんて答えればいいんですか？　わたし、わかんなくて……」

「そのまんまよ。彼氏がいないことにするんだから、『いるわけないじゃないですか！』って言えばいいのよ。この仕事初めてだからわからないのはしかたないけど……。ある程度パターンがあるから、そのうちわかってくると思うわ。どんな場合だって考え方は同じ。お客様が楽しんでいるゲームを終わらせないようにするってこと」

よくわからないが、なんとなくはわかった。

仁平がいる席に戻ると、朋子が言った。

「仁平さん、さっきはごめんなさいね。彩歌ちゃんったら、正直に『彼氏がいない』って言っちゃうと、仁平さんに『彼女になれ』って迫られるんじゃないかと心配したんだって(笑)。『大丈夫よ。仁平さんはそんなこと言わないし、しないわ。仁平さんは紳士よ』って言っといたから、許してね」

朋子の勝ちである。彩歌をあっさりあきらめた仁平は、結子を相手にエッチを迫る。

「マンションを買ってくれるんだったら、考えてもいいなぁ」

なるほど……。結子さんは、うれしそうに言っているなぁ。お客様の話の腰を折るのではなく、うまくかわしながら会話を楽しむのね。勉強になるなぁ。

それまで高校でも、現在通っている大学でも、「勉強になるなぁ」と思ったことがない。何かを学び、誰かから学び、おもしろいとか、ためになると感じたことがない。

それが、水商売を手伝い始めて、わずか5日目で、しかも28歳の先輩ホステスの会話を聞いて勉強になると感じた。そこに、おかしさを覚えた。

大学では知識や教養を身につけ、実社会では人との付き合い方、コミュニケーションの取り方、もうちょっとかっこいい言い方をすれば、人間を学ぶ？　ということかな……。

彩歌は、そんな気がしてきた。


しかし、喜んでばかりもいられない。勉強も大切だが、いまは来店客数を増やすことがいちばん重要だ。

今夜は、けっこうにぎわったと思ったが、お客の数は最終的には12人。目標が高すぎるのではないかと不満を言いたくなるが、15人という数字は、先日の朋子の説明で納得済みだ。

貞行社長からお金を借りることができたから、とりあえず平気な顔をしてお店を開けることはできる。しかし、彩歌は早くも返済できるかどうかが心配だ。なにしろ来月から家賃のほかに50万円という、まとまったお金を振り込みしなければならないのだ。

店の数字のことで気が気でない彩歌を残し、結子や有希、亜紀がアフターに誘われて楽しそうに店を出て行った。

「朋子さん、〝アフター〟って楽しいものなんですか」

「ごはんをごちそうしてもらえるから、うれしいんじゃないのかな（笑）。あの子たち、誘われるのが一人だったら怖がって行かないけど、2、3人だったら安心して行くのよ。彩歌ちゃんも、そのうち誰かにアフターに誘われるわね」

「わたしは、べつにごはんをごちそうしてもらわなくてもいいけどなぁ。そんなにうれしいと思わないんだけど、変でしょうか？」

「いや、変じゃないわ。アフターって、行ったからって残業手当のようなものがつくわけじゃないし、同伴出勤や指名のように手当がつくわけじゃないのよ。でも、あの子たちは、ごはんだけじゃなく、どこか遊びに連れていってもらえるから楽しいんだと思うわ」

名前だけのママ、お母さんが復帰するまでの臨時のママだから、万が一、アフターに誘われても、うまく断ろう……。あ、そうだ！　授業が朝早いからと言って断ろう！　うそではない。本当に授業があるんだもん。
彩歌は、言い訳を考えられたことで、安心して帰宅した。

今夜を乗り切れば、明日はお休み！　日曜日だから大学もお休み！　朝はゆっくり寝坊できる！　今夜はがんばろうっと！

大学生でありながら、クラブ麻由美に勤め始めて6日目。彩歌は、気合いを入れて店に出た。

今日は授業もぜんぶ受けてきたし、居眠りしなかったし、お化粧もお洋服もバッチリ決まってるし、あとは、たっくさんのお客様が来て、笑顔で接客して、朋子さんとごはんを食べて帰って、ぐっすり寝る！

朋子と約束したわけではない。彩歌が勝手に思い描いているだけである。母親、真由美の現状を知っている者同士、手術成功の喜びをともに分かち合いたいのだ。

勤めて2日目は寝坊し、大学へ行かなかった彩歌である。その翌日は、貞行社長にお金を借りるために大学を休んだ。6日間のうち2日間も、しかも連続して授業をサボったのは初めてだったから、学業と仕事の両立がむずかしいことを、彩歌は身をもって知った。

気を張り詰めた日が続き、数時間後に迫った休みが待ち遠しくてならない。だから強く念じた。

今日は苦手なお客さんが来ませんように。いいえ、来てもがまんしよう。がまんします。がまんすれば、明日はお休み！

そんな思いが神様に通じてしまったのだろう。がまんを強いられる客が来てしまった。クラブ麻由美にやってくる客のなかで、〝口の悪さ〟ではトップクラスの西田幹男が来店したのだ。

ほかのホステスはみな西田の席につくことを嫌がるが、朋子は「西田さん、いらっしゃいませぇー！」と、うれしそうに迎えた。

朋子も内心は嫌がっている。西田の口の悪さは尋常ではなく、接客は疲れるからだ。

しかし、売上の点ではクラブ麻由美の上客だ。仕事と割り切って対応するしかない。それに、店内にママがいないことに西田が気づき、スタッフをなめてかかると予想できた。ここはママについで年上の自分が接客したほうがいいと朋子は考えた。

セット料金は90分、一人1万5000円だが、延長は30分3000円単位でセット料金に加算されていく。時間が長くなれば、ホステスが飲む飲み物も1杯1000円で同席した人数分、加算される。だが、西田はそれでおさまらない。

この日も二人のお供を連れて来店したが、西田はいつも2、3人連れ立ってやってくるし酒の飲み方も激しい。毎回、シャンパンを2、3本は空ける。

中洲では、シャンパンを1本入れると、いちばん安いモエの白で2万5000円。ドンペリだと6万円の支払いになる。

西田が二人連れで来店したとすると、セット料金が3万円。

モエの白が2本で5万円。

VIPルームを90分利用で3万円（言い忘れていたが、クラブ麻由美にはVIPルームがある）。

ホステスの飲み物が5杯分で5000円。

合計11万5000円。1回でそれだけの支払いをしてくれる西田は、招かれざる上客というわけだ。

西田は10年前に不動産会社を起業し、急成長した。車はフェラーリ。ヨットも所有し、年収は1億円と噂される。成金の典型だ。

この日も、席につくなり暴言が始まった。

「またお前か」

朋子を見て軽口をたたいたが、彩歌に目を移して、さらにひどい言葉を投げた。

「この店は、こんなブスしかいないのか」

彩歌はママ似で長身。プロポーションはいい。スタッフの誰が見ても、容姿は整っている。自分の容姿にそれほど自信を持っているわけではないが、人をバカにした表情と言動に彩歌はカッとなった。朋子たちのように聞き逃すことができず、眉間にシワが寄った。

「この娘は機嫌まで悪いときた。話にならんな。ほかの娘と替われ！」

「なんですか！　その言い方は！」と逆襲したい気持ちをグッと抑え、彩歌は席を立とうとした。

朋子が彩歌の肩を押して、席に座らせた。

「西田社長、たいへん申し訳ありません。この子はまだ仕事に慣れていないものですから……。西田社長がおっしゃるブスの意味がわからないんです。許してあげて」

西田は彩歌のほうを見て尋ねた。

「君、いくつなの？」

「ハタチです」

「ハタチィー？　学校は出たのか？　学校は？　学校も出ていないバカ女か？」

「……」

「バカじゃないなら、ブスの意味くらいわかれ！」

「この前受けた自動車学校の免許の試験は、意外によかったから、バカではありません」

この彩歌の返答に、西田は吹き出しそうになった。朋子は声に出して笑った。傲慢に振舞っていた西田の態度が、彩歌の「自動車学校の試験はよかった」で一気に軟化した。

「そうか。意外によかったのか(笑)。エライ！　それはバカじゃないな。悪かったな。よし、賢い君の話をもう少し聞いてやるか」

そう言い、西田たちはVIPルームへ移動した。

VIPルームでは、和んだ雰囲気で会話が進んだ。彩歌がまだ学生であり、水商売の仕事をしてまだ1週間と経っていないことを知り、西田は〝ブス〟の意味を教えてくれた。

「いいか、ブスってのはな、笑顔のない女を言うんだ。美人か美人じゃないかで言えば、この店の女どもは、全員、美人じゃない。だけどな、美人じゃなくても、いい笑顔だったら、かわいく見える。仏頂面していたらブスにしか見えない。まぁ、強いて言えば、ここのママの笑顔は合格だな。そう言えば、ママはどうした？　男とどこかへ逃げたか？」

「また西田社長はホントに口が悪いんだから。ママのことは、この彩歌ちゃんがいちばん詳しいのよ。彩歌ちゃんから話してくれる？」

「なんで、この娘が詳しいのよ？」

「だって、ママの娘さんなんだもん」

「えぇー！　ママの娘さん！　まいったな。お前、早く言えよ！」

あせる西田に、ママは親戚の介護で少しお休みすること。そのあいだ、ママ代理としてお店に出ることを伝え、「あいさつが遅くなってすみませんでした」と彩歌は頭を下げた。ママの娘と知り、居心地が悪くなったのか、それからまもなく西田は店を出た。西田の売上は15万円にものぼった。


「彩歌ちゃん、1週間ごくろうさま。疲れたでしょう。おいしいものでも食べて、パワーをつけましょ！」

そう言って、朋子は食事に誘ってくれた。彩歌から誘ったわけではない。これもまた、神様が叶えてくれたのだろう。

遅い時間でも、お客はいるものだ。彩歌は朋子と二人連れだが、ほかの席は男女の構成が多い。

あれがアフターってやつね。お店を出てもお客様と一緒なんて、気をつかうなぁ。

朋子を目の前に、彩歌はホッとした。まずは真由美の手術成功を祝して乾杯。そのあとは、西田幹男の話だ。

「朋子さんにだから言いますけど、わたし、不動産屋さんの社長って嫌いです。いくらお金を使ってくれるからといって、ひどいことばかり言うし、態度は大きいってもんじゃないし、なんか、うちのお店に合わないお客様だと思いました。あんな人が大きな声で失礼なことばっかり言ってたら、ほかのお客様まで帰ってしまいますよね。でも、あのVIPルームはいいですね。あそこに入ってしまえば、ほかのお客様には見えないし、聞こえませんからね」

かなりのストレスだったのだろう。彩歌は一気にしゃべった。

なるほど。VIPルームは本来、客の自尊心を満たすためにある。新規客はもちろん、店に通って月日が浅い客は入ることができない。文字どおり〝VIP(客)〟だからこそ出入りできる空間だ。

客同士が大事な話をする際、ほかの客に聞かれないようにする目的もあるが、西田という客の場合も同じような効果があるというわけだ。その態度や言動を、ほかのお客の目や耳に入れずに済むという効果だ。

「でもね、西田社長は、ママにはひどいことを言わないのよ。前に言ってたわ。『オレがこの店に来るのは、ママが一流だからだ。お前らみたいなバカでブスな女と違って、ママはまともだ。だから、早くママをここに呼んでこい！』って。うちのお店でもVIPよ、西田社長は。知ってる？　どんな仕事でも、お金をたくさん使ってくれるお客様って、お客様全体の2割しかいないけど、その2割のお客様が売上の8割を占めているって。西田社長も、今日の支払いは15万円くらいよ。お客様ひと組で、今日の売上の半分以上をカバーしてくれたのよ。まあ、たしかに西田社長は口が悪いけど、不動産屋の社長さんが、みんな悪い人ってわけじゃないわ(笑)。いまの話も、不動産屋の社長さんから教えてもらったのよ。ママがね、いままで何度もその社長に相談してきたし、わたしたちにもLINEの書き方やハガキの書き方を教えてくれているのよ。そういう不動産屋さんもいるの。だから、決めつけないことね。決めつけていたり、思い込んだりしていると、不動産屋の社長とわかったとたん、表情に出ちゃうからね」

彩歌に負けず劣らず、朋子も一気に話す。

「そんな、いい不動産屋さんの社長さんもいるんですね。わかりました。決めつけるのはやめます。考えてみれば、色田社長といい、西田社長といい、めんどうなお客様が多いけど、その分、勉強になりました。でも、できれば貞行社長のような紳士ばかりだと助かるんですが……。それより、今度、その不動産屋の社長さんを紹介してください。お母さんが相談してきた人って聞くと、信用できますから(笑)」

「そうね。明日は日曜日だから、月曜日に電話してみるといいわ。博多一不動産の新川社長よ。博多でいちばんの不動産屋さんって覚えるの。もう覚えたでしょ(笑)」

「はい(笑)。覚えやすいですね。すみません。電話番号もいいですか?」

「あら、彩歌ちゃん、毎日見てるはずよ。うちのビルの入り口に看板が出てるわ。博多一不動産って書いてあって、電話番号が載ってるの。あ、このビルもたしかそうだわ。帰りに見てみて」

「あぁ、そういえばありますね。すごいですね。こんなところまで看板を出しているんですね」

「なに言ってんの。こんなところだから出してるのよ(笑)。博多一不動産って、中洲のクラブやスナックの店舗のほとんどを仲介とか管理とかしている不動産屋さんよ。うちの店も新川社長さんのところが管理会社なのよ。ところで、彩歌ちゃんは、新川社長に電話して、なにを聞くの？」

「えぇと、お店のことというか、売上……じゃなかった、客数？　は、どうやって増やせばいいかを教えていただこうと思って」

「さっすがぁー！　ママ代理らしいわ。わたしもね、気にはなっているのよ。今週はお客様が少なかったでしょう……。いいわ。新川社長が教えてくれるってなったら、わたしも一緒に勉強するわ。でも、彩歌ちゃんが電話してね。わたしが電話すると、『前に教えたはずですよ』って言われちゃうから(笑)。ホントだったら、高い授業料が必要なんだけど、彩歌ちゃんの頼みなら、新川社長、喜んでタダで教えてくれると思うわ(笑)。それにしても、わたしたち、けっこうマジメね。どうしたらお客様が増えるかって話を、こんな夜中にしているんだからね。ママに聞かせてあげたいわ、この二人の作戦会議を……。今ごろ、くしゃみをしてるわね。ママは(笑)」

「いいえ、寝てると思います。真夜中ですから」

「あ、そうか。そうよね(笑)」

二人でよくしゃべり、よく食べ、ストレスを解消してわかれた。

その日は、ぐっすり寝た。翌日は、思った以上に寝坊をして、目が覚めたときは日が高くなっていた。

あ〜ぁあ、よく寝たぁ〜。よし。今週こそ絶対、授業はぜんぶ出る！　そして、お店もいちばん早く行く。明日は、なんとしても新川社長さんに、お客様の増やし方を教えてもらって、今週は目標を達成する！

昼は、大学のカフェテリアで友だちとランチをするが、朝は家で食べる習慣がついている。朝食用の買い物を済ませ、夜は1週間分の予習をして、充実した日曜日になった。

目が覚めたら、また忙しい1週間が始まるわ。明日は、6時に起きて、大学へ行って、授業が終わったら新川社長に電話して……と考えているうちに、彩歌は深い眠りに入った。

Story 7

新規客より既存客

授業はすべて出席した。ノートもとった。仲のいい友だちとランチできた。楽しかった！　今週はいいスタートを切ったわ。この調子だとお客様も増えるかも……。あとは、新川社長に早く会えれば言うことなし！

電話番号をタッチするときになって初めて気づいた。

「ニィ、イチ、ゼロ、サン……あ、フドーサン……。へぇー考えているなぁ」

電話番号の下4桁が「２１０３」であり、フドーサンと読めることに気がついたのだ。

会社の代表番号ゆえ、取り次いでもらって新川社長が電話口に出た。

「はい、新川です」

クラブ麻由美の、華乃真由美の次女である旨を告げた。

「おぉー、真由美ママのお嬢さんですか！」と驚いてくれるかと思っていたが、反応はまったく違っていた。

「そうですか。真由美ママの……。初めまして。で、どんなご用件ですか？」

うわぁー。受け応えにまったくムダがない感じ。ビジネスライクって言うの？　でも冷たいわけじゃない。新川社長にも、本当のことを話して大丈夫そう……。

彩歌はまず、朋子から新川社長のことを聞いたと伝え、さらに、麻由美が入院したこと。先週1週間だけだが自分がママ代理になってから、お客様が減ったように感じること、どうすればお客様の数が増えるかを教えていただけるとありがたいということを伝えた。

「あ、でもお家賃はちゃんとお支払いしますので、心配しないでください」と付け加えた。

「家賃の心配などしていません。クラブ麻由美は、いいお客が大勢来る店です。ただ、ママ不在のあいだに、お客を減らしてしまうことだけは避けたいですね。わかりました。そういうことであれば、今日、お店に行きましょう。彩歌さんは、何時くらいに店に来られますか？」

18時に店で待ち合わせることに決まった。急いで家に戻り、着替えてから向かえば17時に着くことはできる。しかし、新川社長が来る前に店の掃除を済ませ、片づいた状態で話したほうがいいと思ったのだ。

彩歌は17時に店に着き、シンクに残っていたグラスを洗い、店内を掃除し、テーブルも拭いて態勢を整えた。新川社長は18時ちょうどに来た。

博多一不動産は、中洲に存在する店舗賃貸の仲介に絞った不動産会社だ。

不動産会社の商品を中洲の店舗賃貸仲介に絞っているということは、営業地域を中洲に絞るということである。会社を中心に半径５００メートルに絞るという、不動産業界では考えられない〝非常識経営〟を貫いている。

ついでに言うと、中洲の店舗賃貸仲介に絞るということは、店舗の借り手をクラブやスナックのママ、あるいはオーナーに絞るということである。

この数行のなかに「絞る」という文字が６回も使われているほど、商品も地域も客層も絞りに絞っている凄腕経営者が、新川社長だ。

「そもそも20歳の女子大生のわたしが、母の代わりにクラブのママをするということ自体、おかしな話なんですが……」

朋子にも言っていない、不安な胸の内を新川社長に打ち明けた。

「20歳だろうが、女子大生だろうが、誰かの代わりにしろ、まったく関係はないと思いますよ。素直で、感謝の気持ちを持って、嘘をつかない人間が取り組めば、なんだってうまくいきます。熱意を持って、ひたむきに、人より長い時間働けば、ちゃんと成果は出ます。

ひとつだけむずかしく思うのは、リーダーシップを発揮できるかということです。彩歌ちゃんと言ったね、彩歌ちゃんはお店のホステスさんのなかで、いちばん下かな。年齢的にいちばん若いのに、ママとしてリーダーシップをとるのはむずかしいんじゃないかと思うんですよね。でも、さいわい、真由美ママの娘さんだからね。親の七光りじゃないけど、ママの娘であるという立場を利用したらいい。みんなに協力をお願いするときは、ビシッとお願いする。水商売の経験では、ほかの誰にもかなわないのだから、わからないことは素直に教えてもらい、言葉づかいさえ気をつけていればいい。『こうしましょう』『こうしてください』とお願いすればいいと思います」

新川社長の話を聞いていると、自分にもママ代理という仕事ができそうに思えてくる。もちろん気のせいだろうが……。

20歳の女子大生でもできないことはない、ということはわかった。でも、どうすればお客様を減らさずにすむか？　ということはまだわかっていない。

「ありがとうございます。新川社長、それで、先ほど電話でおっしゃっていた、お客様を減らしてしまうことだけは避けたいということですが、そのために、なにをどうすればいいのでしょうか」

「その件だけどね、先に確認しておきたいんだが、彩歌ちゃんは、新規客と既存客のどちらが大切と考えますか？　あ、新規客と既存客の意味はわかります？」

「え、あ、はい。お店に初めて来たお客様が新規客で、前に来たことがあるお客様が既存客……」

「そうだね。それで、彩歌ちゃんが『お客様を増やしたい』と言っているのは、新規客を増やしたいという意味ですよね？」

「はい、そうです。……え？　わたし間違っていますか？」

「いやいや、合っているとか間違っているということじゃないんです。誰もが思うんです。新規客を増やしたいって。彩歌ちゃんもそう思ったと……。でもね……あ、その前に、彩歌ちゃんとしては、1日あたり何名のお客に来てほしいと考えていますか？」

「えーと、目標は15人です」

「15人ね。いいでしょう。ではその15人は、全員新規客が望ましいですか？　それとも、3人とか5人とか、一部新規客が望ましいですか？　どう思います？」

「……えーと、先週は平均して毎日10人くらいのお客様だったんですが、だいたいは既存客でしたから、5人くらい新規のお客様だと助かるんですけど……」

「なるほど。では、新規客がゼロで、15人全員が既存客だとまずいですか？」

「いいえ……まずくはないです」

「そうですよね。来てくれるなら、既存客だけでも、まったくかまいませんよね。ではもうひとつ質問ですが、いろんな広告や宣伝、営業活動をして新規客を集めるのと、既存客に連絡してリピートしてもらうのと、どっちがたいへんだと思いますか？」

「えーと、新規客を集めるほうがたいへん？　で、合ってます？」

「合ってますよ。じゃあ、ここからは、ちょっと長くなるけど、とても大事な話なので聞いてくださいね」

ちょっと長くなると言われたので、彩歌はあわてて言った。

「すみません。ちょっとお手洗いへ行ってきていいですか？」

「お手洗いですね。どうぞ」

トイレで彩歌は考えた。新川社長の話は、大学の講義みたい。でも、実際、こういうお店のことを勉強できる講義はないし、大学も聞いたことがない。こういう授業だったら、おもしろいし、まじめに聞くんだけどなぁ。

「いまの新規客か既存客かの話ですが、新規客を集めようとして、いろんな雑誌や情報誌にお店の広告を載せたり、チラシをつくって配ったり、看板を出したり、呼び込みのお兄さんを雇ったりするのは、ものすごくお金がかかります。お金をかけても、お客が来てくれるなら採算が合いますが、来てくれるとはかぎりません。ほかのお店も同じように広告を載せたり営業したりしていますから、お客は、どのお店に行こうかと迷います。クラブ麻由美に来てくれる保証は、どこにもありません。でもですよ、お店に来てくれたお客に、一生懸命おもてなしをして、尽くしたら、お客は満足して、『また来たい』と思うはずです。次の飲む機会、それは翌日かもしれないし、1カ月後かもしれませんが、満足感が持続していたり、思い出してくれたりすれば、『またあの店に行こう!』と、クラブ麻由美に来てくれると思います。そう思いませんか?」

「はい、そう思います」

「一度でもクラブ麻由美に来てくれて、満足してお店を出たお客は、クラブ麻由美のよさを知っています。『ここは、ほかの店と違って落ち着く』とか『人を接待するのにちょうどいい』とかね。あるいは、『ママがステキだ』とか『彩歌ちゃんが話を聞いてくれてうれしかった』など、ママやホステスさんのよさを知っています。このような、お店のよさをすでに知っているお客に、いまさら、いい店ですよと言わなくともいい。すでに好印象を持っているのだから、ときどき思い出させてあげればいいんです。思い出させるために、たくさんのお金をかける必要はありません。メールやLINEで思い出してもらう。電話をしたり、ハガキを書いたりして思い出してもらう。思い出したお客が、『そういえば最近、クラブ麻由美に行ってないな……』とか『そうだ。クラブ麻由美にしよう』とお店を思い出し、リピート来店してくれたら、こんなうれしいことはありません。そして、ここからがもっとも重要なんですが、既存客が、接待で大事なお客さんを連れてきたり、同僚や知り合いを連れてきてくれたら、その人たちが新規客になりますよね。いいですか？　彩歌ちゃん。来店してくれたお客が、心から満足する接客をして、気に入ってくれたらリピートしてくれます。忘れないでいてくれたら、ずっとリピートしてくれます。それどころか、自分が気に入っているお店だから、ほかの人に紹介したくなる。連れてきたくなる。そこで新規客が生まれる。つまり、既存客を大切にしていれば、既存客は減らないし、新規客も増えるんです。ここまで、わかりますか？」

「はい。わかります。それが、電話でおっしゃっていた、既存客を減らすことだけは避けたいということですね」

「そうです。真由美ママの娘さんだけのことはある。のみこみが早いね」

「新川社長、ということは、先週、お客様が少なかったのは、お店が、お客様が満足する対応をしていなかったからということですか？」

「そうではないんじゃないかな。それは偶然でしょう。先週、客数が少なかったのは。それまでは真由美ママがいたわけですから、既存客を減らす対応はしていなかったと思いますよ。僕が心配なのは、今です。これからです。真由美ママが不在だと、つい気がゆるんでしまうかもしれない。ここのチーママはしっかりしているけど、どうしたってママとは違うからね。迫力というか、貫禄というか、存在感はぜんぜん違うからなぁ。先週、来たお客もそうだけど、今日これから来るお客にも、スタッフ全員が全力で立ち向かわないと、リピート客が減るかもしれない。とくにママ目当てのお客は、ママがいないことがわかると、しばらく来なくなるかもしれないし、接待の必要があっても、ほかのお店に行ってしまうかもしれない。大事なときなんです。今が」

「大事なときなんです。今が」という言葉を聞いて、彩歌は鳥肌がたった。

「新川社長、お客様を減らさない対応で大事なことを教えていただけますか！」

「ママやチーママは知っている、というか自然にできているんだけど、どうしようかなぁ。一度、勉強会をやりますか。クラブ麻由美向けの特別講座を」

「はい！　お願いします！　お忙しいところ申し訳ありませんが、大至急、お願いします！」

「大至急か（笑）……彩歌ちゃん、明日はどうかな？　明日、もう少し早い時間からということにして、彩歌ちゃん以外にも来られる人がいたら、一人でも多く参加してもらって特別講座を開くというのは」

「わかりました！　今日、みんなに連絡して、なるべく明日、集まってもらうようにします。新川社長、17時くらいでもいいですか？」

「そうしましょう。では、明日の17時にまた来ます」

そう言って新川社長が席を立ったとき、朋子が店へ入ってきた。

「新川さん、すみません。ほんとに」

「いや、いいんです。それより、いま話してたんですが、明日の17時から特別講座を開くことにしました。できればチーママも参加してください」

「ありがとうございます。すみません。お世話になってばかりで……。で、明日は、新人の彩歌ちゃん向けにあれですか？　接客のときの……えーと……」

「承認ですか？　ミラーリング？　リフレイン？　5カウント？」

「あ！　それです。リフレインです！　5カウントもですけど。リフレインとかをやっていただけるんですか？」

「そうです。基本ですからね。いい機会だから、ほかの娘たちも一緒に聞くといいと、いま言っていたんですよ」

「あら、彩歌ちゃんったら、新川さんにお茶も出さずに……」

ニコッと笑って、新川社長は店を出た。

その後、出勤したスタッフはもとより、ほかのスタッフにも連絡を取り、できる限り明日の17時に出勤してほしい旨を伝えた。

その夜の来店客数は、11人だった。

Story 8

特別講座

新川社長の話は、大学の講義みたい……。昨日、彩歌がそう思ったのも無理はない。新川社長は「コーチング」の技術や「ストローク理論」、自社でも実践し、出版までしている「5カウントの法則」など営業の理論や戦術に詳しい。

また、中洲で経営するママやオーナー、店で働く人向けに勉強会やセミナーを開いたり、講演会を催したりして中洲の発展にひと役買っている存在でもある。

不動産のプロ経営者でありながら、講師業も務めているのだから、彩歌が「大学の講義みたい」と思うのは当然だろう。

その新川社長のことを、彩歌は今日もまた考えていた。

昨日は、最初ショックだったわ。新規のお客様を増やしたいと言っているのに、既存客を大事にしたほうがいいって言うんだもの。わたしの言っていることが、新川社長に正しく伝わっていないのかと思ったわ。

でも、話を聞いているうちに意味がわかった。ちゃんとした接客をしていれば、紹介などで新しいお客様も増えるってことよね。

なるほど……。だからお母さんは、しょっちゅうお客様にハガキを書いたり、メールを送ったり、誕生日の贈り物を手配したりしていたのね。きっと、既存客を減らさないため、忘れずにいてもらうために、こまめにやっていたんだわ。だけど、ハガキはやっぱりプリンターでプリントしたほうが早くてラクだと思うけどな……。

でもなぜ、不動産会社の社長さんが、クラブの経営について詳しく知っているのかしら……。ママや朋子さんのことは知っているとして、新規客とか既存客とか、不動産を仲介するお仕事と、お店のお客様を増やすということは、ぜんぜん違うのに……。

ま、いいか。それより、今日はみんな来てくれるかなぁ。来てくれたらいいけど、その分、お給料もうんとかかってしまうなぁ……。あ、そうだ、お金をおろしてから行かないと……。

中洲の店舗仲介が専門の会社社長が、なぜ店の経営に詳しいか、少し頭を働かせれば理由はわかりそうなものである。

しかし彩歌の頭は、客数を増やすこと以外に考える余裕はない。1日あたりの損益分岐点を、毎日下回っているのだ。20歳の大学生でありながら、さすが真由美の子である。ママ代理として店をあずかる立場の自覚が芽生えている。

そんな彩歌の思いが伝わったのだろうか。前日に急に企画し、参加を呼びかけた特別講座だが、全員がそろった。

朋子、美佳、淳子、結子、有希、乃愛、麻里、亜紀である。美佳と有希は、昼間の仕事を持っているから、本当は17時に来ることはできない。二人とも「今日は1時間早く、早退してきた」という。

正しくいうと、忍田がいないから、店のスタッフ全員ではない。しかし、お客との会話が多いホステスが全員集まったことは、喜ばしいことだ。

ただし、うれしい気持ちの半面、給料の支払いのことを考えると、彩歌は少し暗い表情になってしまう……。

「では、ママ代理からひとこと」と朋子が言った。

わたし？　何も考えてなかった……とあせったが、しょうがない。

「みなさん、急なお願いなのに、集まっていただきすみません。今日は本当は、わたしが教えてもらうために、新川社長に来ていただいたんですが、勉強になると思いますので、みなさんにも集まってもらいました。みなさんは知っていることばかりだと思いますが、どうか最後まで一緒に勉強していってください」

彩歌のあいさつのあと、すぐ新川社長が切り出した。

「時間がもったいないから、始めましょう。まず、今の彩歌ちゃんのあいさつにありましたが、知っていればいいわけではありません。知っていることと、やっていること、できることとは違います。知っていても、接客の現場で実行していなければ、知らないのと同じです。なんの意味もありません。実践するために勉強してください。ではまず、みなさんにお答えいただきたいのですが……」

新川社長は、みんなを見渡し、ゆっくり尋ねた。

「お客は、なぜクラブ麻由美へ来ると思いますか？　どなたか、わかった人から……」

「お酒を飲みに、ではないんですか？」

結子が言った。

「たしかにお酒を飲みに来ていますが、お酒を飲むためだけなら、クラブ麻由美じゃなくてもいいですよね？　もっと安いお店はあるし、自宅で飲めば、うんと安く飲めます。どうして、わざわざ高いお金を払って、この店へ飲みに来るんですか？」

新川社長の発言に、「たしかにそうよねぇ」という感じで数人がうなずく。

「わかりました！」と麻里が手をあげる。

「わたしたちに会いたいからじゃないんですか？」

麻里の発言に、新川社長がまじめに答える。

「なるほど。であれば、なぜ、みなさんに会いたいのですか？」

「わたしはそうでもないけど、有希ちゃんはかわいいし、乃愛ちゃんは胸が大きいし、ママは大人の色気があるから、だと思います」

新川社長は、各自の発言を決して否定しない。

「それもあるでしょう。たしかにみなさんかわいいし、きれいだし、胸はよく見たことがないからわかりませんが(笑)、スタイルがいい娘は人気も高いでしょう。でも、いちばんの目的は、承認してもらいたいからなんです」

一部の人間をのぞき、疑問の表情に変わった。

ショウニン？

新川社長は彩歌に言って、紙ナプキンを1枚もらった。そこに自分のペンで「承認」と書き、みんなに見せた。

「認めるということです。承認してもらいたいとは、認めてもらいたいということです。自分の話を聞いてもらいたい。自分ががんばっていることを認めてもらいたい。自分の功績をたたえてもらいたい。失敗したときや、悲しいときは、親身になって聞いてほしい。それで、このお店に来るのです。以前なら会社の若い連中が飲みにいったときに聞いてくれた。同僚と居酒屋でお互いにしゃべった。昔は奥さんが話を聞いてくれた。でもいまは、みんな忙しいからか、自分の話を真剣に聞いてくれる人が少ない。しかしここなら、なんでも話せる。『へぇーそうなんですかー』『それはたいへんでしたね』『すごいですねぇ』と聞いてくれる。『すばらしいですね』と言ってくれる。承認してくれるんです。ここなら承認してくれるから、来たいんです」

そこまで一気に話し、いまいちどみんなをゆっくり見まわした。そこへ彩歌が手をあげた。

「疑似恋愛をするため、ではないんですか?」

「それも理由のひとつです。ただ、疑似恋愛も、承認という大きなくくりのなかに入っています。恋愛も、好きな相手に認めてもらうことですからね。自分のファンの女性に承認してもらいたくて来ているんです」

彩歌は納得した。ほかのスタッフもうなずきながら聞いている。

「では、上手な承認の仕方ってあるんですか？」

彩歌の質問に対し、新川社長は満面の笑みで話し始めた。

「いい質問です。上手な承認ですが、大切なことが3つあります。うなずくということ。リフレイン。ミラーリングです。ここにいる半数の方は、最初のうなずくということができています。半数の方は、できていないということになりますが……」

そう言って、新川社長は、「うなずきが承認を伝えるのに便利なツール」であることを次のように解説した。

承認のいちばん簡単な方法は、お客様の話に相槌を打つように首を振ること。

□首振りは、その「振り方」と「タイミング」が重要である。

□お客様が話しているとき、意識してリズムよく首を振る。

□お客様の話の内容が「成功した！」「仕事がうまくいった！」などの〝プラスイメージ〟のときは、大きくうなずく。何度も大きく首を振る。「わかっていますよ」「わたしもうれしいです」という気持ちを伝えるために、ふだん以上のオーバーアクションをする。

□お客様の話の内容が「こんな困ったことがあった」「失敗してしまった」などの〝マイナスイメージ〟のときは、小さくうなずく。「そうだったんですねぇ」「たいへんでしたね……」という気持ちを伝えるために、ふだんよりゆっくりしたうなずきを心がける。

「首を振ればいいんだな、とばかりに何も考えずにうなずくのは、いけません。とりあえず首を振っているだけということがお客に伝わってしまいます。『うん、うん』と言うのもいけません。相手の話の内容で変化してこそ、高いお金をいただくホステスと言えます。うーん、ここでうなずいた人が少ないなぁ。じゃあ、練習しましょう」

新川社長は、ある店の話をした。架空の話だろうが、実際にそんな店が存在するのではないかと思わせるほどリアリティがある。こんなあらすじだ。

ある店がオープンした。最初はなかなかうまくいかなかった。まもなく、とても金払いのいいお客が来店した。週に2、3度来店し、そのたびに5、6万円を現金で払った。いいお客にめぐりあえたと、スタッフみんなで喜びあった。

1カ月ほどが経ち、その金払いのいいお客が、こんどは複数で来店した。「連れは、ほかの店がいいと言うが、こっちの店のほうがいいから来いと言って、無理矢理連れてきたよ」と言う。ありがたかった。その日の売上は20万円近くになった。

帰り際、「月末にまとめて振り込むということで、いいだろうか」と言う。カードは嫌いだから持たない主義だとも。やむを得ず承諾した。ツケを断れば、次回から、ほかの店に行くのではないかと不安になったからだ。

翌週、また複数で来店し、「月末近くに店を貸切でパーティーをやりたい」とお願いされた。貸切の営業保証金として50万円を払うと言う。月末31日にツケの分も含めて振り込むから、請求書をいま、発行してほしいとも言われた。そこのママは、ありがたくて涙が出そうになった。

貸切の人数が多くても50万円なら利益は十分出ると思い、高価なシャンパンも多数仕入れてパーティーをおこなった。パーティー参加者は、みんな喜んで帰った。

しかし、振り込みはなかった。名刺に書かれているところに連絡したが、連絡はつかなかった。だまされたのだ。話は、ここで終わりそうだが、終わらない。

ママは、いい勉強になったと思うことにした。それどころか、本当に勉強の必要性を感じ、経営の勉強を始めた。

経営戦略を学び、理想の客層を絞り、客数は少ないが、質のいい、単価の高いお客を少しずつ増やす戦略を練った。自分は売上に目がくらみ、客層を考えていなかったことで失敗をしたと反省したからだ。

その後、この店はお客を増やし、顧客維持戦略を継続し、繁盛した。

「いまもありますけどね、このお店は。はい、おしまい」

と言って、新川社長の話は終わった。

話をしながら、新川社長は一人ずつ顔を見ていた。目をそらしている人はいないが、かといって全員がしっかりうなずいているわけではない。大きくうなずいたり、話の途中に、「えー！」とか「あら……」といった声を出したりする娘がいる一方、話を理解しているのかどうかがわかりにくい娘がいる。朋子はさすがだが、彩歌は、うなずきが小さい。

「お客の話を真剣に聞いている人は、ちゃんとうなずけるものです。でも、ホステスという仕事上、ほかの席のお客のことが気になったり、話しているお客以外のお客を気にしたりしていると、〝お客の声〟は聞こえているけど、〝お客の思い〟は聞こえていないものですからね」

新川社長の話を理解したからこその疑問が生まれ、彩歌が質問をした。

「あのぉ、いいですか？　お客様の話を真剣に聞いたほうがいいということはわかるんですけど、わたしなんか、きっと真剣に聞きすぎちゃって、グラスが空っぽになったことに気づかないいんじゃないかと思うんです。それもまたお客様に失礼ですよね」

「あーわかる、わかる」と誰かが言った。

先週から始めたばかりなのに、しかも20歳の女子大生なのに、意外としっかりしているのね……と言わんばかりに、多くの人が大きく〝うなずいた〟。

ところが、新川社長の答弁は、みんなの予想を大きく裏切るものだった。彩歌が話しているあいだ、静かに、そしてゆっくり2回うなずいていた新川社長が話し始めた。

「話を真剣に聞きすぎて、お客のグラスが空になったことに気づかないのと、グラスの中の状況を気にとめる程度に話を聞くのと、どちらが失礼か、失礼ではないかということですね？　お客のグラスが空っぽになったことを見逃さないホステスさんのほうが……失礼です」

これには、ほぼ全員が「エーッ！」という声を出した。

「いいですか？　よく聞いてくださいよ。お客の立場に立って考えてみてください。お客が話したいことがあって、早く誰かに聞いてもらいたくて、ようやくお店にやってきたんです。そこで聞き上手のあなたたちが『そんなことあったんですか！』とか『うわぁ、たいへんなお仕事なんですねぇ』と聞いてくれるわけです。お客は気分がいい。自分の話を真剣に聞いてくれるわけですからね。それで話がひと段落して、飲もうとグラスを手に取るとカラだ。目の前のあなたたちの誰かが、それに気づき、あわてて『すみません！　気がつかないで……』と言ったところで、『おまえは、なにボサッとしているんだ！　おれの話に聞き入ってないで、ちゃんとグラスを見てろ！』と怒りますか？　怒りません。逆です。ああ、この娘はおれの話に聞き入ってくれていたんだな……と思います。うれしいんです。そのほうが」

こんどは、全員が大きく、激しくうなずきながら聞いている。

「お客の立場で考えることです。お客が話しているのに、目の前のあなたたちの誰かは、視線の先がグラスに向かっている。『それからどうなったんですか！』と尋ねてほしいところなのに、『同じものでいいですねー』と、水割りをつくり始める。視線はグラスやら氷やらミネラルで、マドラーでカラカラカラと音を立て、ボーイさんに『ミネラルお願い！』と声をかけ、ようやくお客の顔を見て、『ずっと聞いていましたよ』という無表情を見せる。水割りのお代わりをつくってコースターの上に置いたとき、お客は『お、ありがとう。君は気が利いてるね』と言うと思います？　言いません。逆です。なんだ、こいつ……。人が話しているときに、気になるのは水割りかよ。しかも黒服に声をかけて、その瞬間、おれの話を聞いていなかっただろ！　と思うんじゃないでしょうか。お客が話しているときにお代わりをつくるほうが、失礼なんです。わかります？」

新川社長が話し終えたというのに、数秒間、静まり返っていた。「わかります？」と問われているのに、誰も答えようとしない。いや、答えられないのだ。

おそらく朋子は、わかっている。だが、朋子は口を開くのをがまんしている。みんなに発言させたいのだろう。

やがて淳子が言った。

「わたし、それ、やってるかも……」

それを聞き、有希も言った。

「わたしもぉ。お客様が話しているのに水割りつくったことあるかも。いや、あるかもじゃなくて、ある。わたし……。ヤバイ……」

「みなさん、勘違いしないでください。僕は説教しているわけじゃないんですよ（笑）。うなずきが大事だということを言っているんです」

うなずきひとつで盛り上がってしまった。悪いことではない。だが、時間は過ぎていく。

「じゃあ、10分間、休憩としましょう。10分経ったら、リフレインについて話しましょう」

新川社長の言葉にあわてて動き出す。

『ノート、ノート！　なにか書くものない？』と筆記具を探し始める者。トイレに行く者。いまの話を携帯にメモする者……。

彩歌は、新川社長の話を思い出し、何度も大きくうなずく練習をしていた。

Story 9

リフレインとミラーリング

「先ほどは、お客の話を承認する、ひとつのツールとして、うなずきの大切さをお話ししました。次は、リフレインです。承認ツールのふたつ目ですね。このリフレインという言葉は、聞いたことがありますか？」

新川社長が問いかけると、朋子が口を開いた。

「松任谷由実の曲で、『リフレインが叫んでる』というのがあるんですけど、そのリフレインと同じですかね？」

「ユーミン？」「誰？」「わたし、知らない……」と、みんなの反応は弱い。30年以上も前にヒットした曲だ。朋子しか知らない。

「うーん、よくわからないけど、そんな歌、あったかもしれませんね。リフレインとは、繰り返すという意味です。お客が言った言葉を繰り返してください。繰り返すことが承認したことになるからです。たとえば、お客が『今月の目標を達成したお祝いで来たんだよ』と教えてくれたら、『今月の目標を達成されたんですね！』と、お客が言ったことと同じことを言えばいいんです。わかりますね？　簡単でしょう？　簡単だけど、ちょっとしたコツがあります。目標を達成した！　というように、お客がプラスイメージのことを言ったら、こっちも明るく、ハツラツとした声で、語尾を上げるように、プラスイメージでリフレインすると効果バツグンです。彩歌ちゃん、やってみましょう。僕が、今月、目標を達成したので飲みに来たんだよと言いますから、すかさずリフレインしてください。いいですか？……今月のね、目標を達成したので飲みに来たんだよ！」

「今月、目標を達成したのですね」

「いまのは、ただの繰り返しです。リフレインは、プラスイメージの言葉にはプラスイメージと言いましたよね。『目標を達成されたんですね！』と、語尾を上げて、うれしそうに『すごい！』という気持ちを込めて言うことです。意識して練習すれば、できるようになりますよ。あと、マイナスイメージの話にリフレインする場合も、同じように考えてください。ただ繰り返すのではなく、少し困った顔というか、残念な気持ちを悲しそうな表情で、ゆっくりと、語尾を下げるように言えばいいのです。お客が『あ、あれ？　あの話はダメだったんだよねぇ』と言ったとすると、『そうですか……。ダメだったんですか……』と、ちょっと小さめの声で、残念そうに言ってください。はい、彩歌ちゃん、これも練習！　僕が、ダメだったんだよねぇと言いますから、そのあとリフレインしてくださいね。だめだったんだよねぇ……」

「ダメだったんですか」

「いまのも一本調子だね。抑揚がないんだな。もっとお客の立場に立って話を聞き、リフレインしてくださいね」

「わたし、ダメかもしれません。この仕事は向いていないのかも。これ、前に朋子さんに『オウムのように』って教えてもらっていたのに、ぜんぜんできていなかったんです……」

彩歌の言葉を聞いてすぐ、新川社長がリフレインし、沈んだ空気を一変させた。

「ダメかもしれませんねぇ……なんてことはありません！　すぐにできる人はいません。でも、練習すれば必ずできるようになります。さっそく今夜から練習です。お客には悪いけど、実践しながら練習してください。このリフレインができるようになったら、上級編の特別講座をしましょう。さあ、時間がいよいよなくなってきました。あとひとつ。承認してもらいたいお客に、承認していますよと伝えるツールの3つ目は、ミラーリングです」

新川社長の言葉に反応し、全員が「ミラーリング」とメモをし始めた。

人は、熱心に話すとき表情が豊かになり、手やからだを動かすことが多い。いわゆる、身振り手振りというやつだ。

目の前の相手に、よりわかるように伝えようとするからだろう。自分が話したいことを、リアルに再現するかのように全身をつかって、あるいは、からだの一部をつかって話す。

そのお客の身振り手振りを真似することをミラーリングと言う。

鏡を英語でミラーと言うが、文字どおり、相手の動作を鏡に映したように再現することである。

新川社長がひととおり説明すると、美佳が質問をしてきた。

「ケータイにミラーリングという機能がありますが、それとなにか関係がありますか？」

携帯電話の画面は小さいから、テレビなどの大きな画面に携帯のデータを映し出す機能である。直接的な関係はないが、少なくともミラーリングという言葉に抵抗感は感じないと思われる。

「まあ、似ているけどちょっと違いますね。僕が言っているミラーリングは、心理学で『同調効果』と言われるものです。身振り手振り、同じ動作をすると、相手に好感を持ってもらえることから、意識的に相手の動きを真似するというものです。ミラーリングすると、お客は心地よく話ができます。自分のことを理解してくれていると感じるんですね。自然と。より力が入り、話がどんどん盛り上がってくるのです」

さまざまな例を出して説明するまでもなく、クラブ麻由美のホステスたちは、理解度が高まり、新川社長の話を信じるようになってきた。

「そういえば、ママはよく手が動いていた気がする……」と淳子が言った。

「そうそう。ママは顔の表情も豊かだしね」と有希も言う。

「えー、じゃあ、ママがよく身振り手振りしているのは、こういうことがわかっててやっていたってこと？　わたし、ママのクセだと思ってた(笑)」と結子。

「あたりまえでしょー！　ぜんぶわかってやっているに決まってるでしょう！　だからママは人気があるのよ！　それに、お客様の話にうなずいたり、オウムのように同じ言葉を言うのよって、わたしが前から言ってるでしょう！」と朋子。

よし。今夜から実践だわ。うなずきに……リフレインに……ミラーリングね。

彩歌が復習を始めると、新川社長も席を立った。

「新川さん、今日はありがとうございます。こんど、5カウントのことも、この娘たちに教えてあげていただけますか？」

朋子のお願いに、新川社長はうなずいた。

「まずは目の前のお客に一生懸命、接客させてください。どっちにしても、近いうちにまた来ることになると思います」

そう言って、新川社長は店をあとにした。

新川社長の特別講座が終わって30分ほどで、クラブ麻由美開店の時間となった。学んだことをすぐ、その場で実践できるのだから、とても恵まれた職場である。

その夜、最初のお客は新規客だった。3人連れだ。店の入り口で、「予約をしていないんですけど、いいですか?」とことわりを入れてから入ってきた。

「貞行社長の紹介で来ました。『中洲で、どこかいいところを知ってますか』と聞いたら、ここがいいって教えてもらったものですから」

貞行社長の紹介客なら大歓迎である。貞行社長のボトルを出すかどうかを尋ねたら、新規にボトルを入れると言う。ありがたい。それぞれに水割りの用意が終わったとき、そのお客が言った。

「あの、仕事の話があるので、先に済ませてしまっていいですか?」と。

もちろんかまわない。「わたしたち、席をはずしたほうがよろしいですか？」と確認すると、その必要はないと言う。

男性客3人が貿易関係の話をしているあいだ、黙って同じボックス席にいるのが苦痛に感じた。早くお客様と話をして、うなずいて、リフレインして、ミラーリングしたいのに……。

こんなときは、飲み物のお代わりをつくってもかまわない。3人に1杯ずつお代わりをつくってまもなく仕事の話が終わった。

リーダー格の男が、「あー、しんどかった」と言って、ニコリと笑った。

彩歌がすかさず「しんどかったんですね」といたわるようなリフレインをする。

「予定していたコンテナが届かなくてねぇ。展示会は近いし、こりゃどうするって……」

お客が話すあいだ、何度もうなずき、リフレインし、わずかながらミラーリングもした。

なんとなくわかってきたわ……。でも、わたし、うなずきすぎだろうか……、いまぐらいでいいんだろうか……。誰かが評価してくれないとわからない。結子と有希が同席してくれているが、わたしのことまで見る余裕があるだろうか……。

でも、お客様には申し訳ないけど、練習にはちょうどいいかもしれない。もっとミラーリングが自然にできるようにならなくちゃ！

そう前向きに考えていると、黒服の忍田が彩歌の席へ寄ってきた。

「彩歌さん、３番へお願いします」

ヤバイ……。

彩歌は気づいていたのだ。口の悪い西田が来たことを……。

ほんの数日前、バカとかブスとか言われ放題だった、あの西田だ。

イヤだな……という気持ちが顔に表れてしまったのだろう。忍田が言った。

「西田さんのご指名です」

指名は無視できない。

「失礼します」とお客にことわり、心臓をドキドキさせながら席を立つと、カウンターの内側に朋子がいるのがわかった。さっとカウンターに入り、小声で言った。

「チーママ、わたし、西田さんはムリです」

「苦手なのはわかるけど、ご指名だからしかたないわ。それに、新川社長から習ったことを試すには、いい練習相手よ！」

親身に言ってくれているのか、おもしろがっているのかわからない朋子の言葉に背を押され、西田の席につく。

「西田様、いらっしゃいませ」

「彼氏のいるハタチの女子大生か」

始まった……。席につくなり、挑戦的な嫌がらせ。でも、練習、練習。そうよ。練習相手だと思えばいいのよ。かなり意地悪な練習問題だと思えばいいわ……。

「そうでーす！　彼氏のいるハタチの女子大生です。でも、ホントは、彼氏はいないのに、見栄をはって彼氏がいると言った、ウソつき女子大生でーす」

西田がちょっと笑った。

「おまえは、ホント、頭が空っぽだな」と、西田は自分の頭を人差し指で軽く突っついた。

それを見て、彩歌も自分の頭を人差し指で軽く突っつきながら「はい、ホント、頭が空っぽなんです」とミラーリングしながらリフレインした。

「おう、そうか、認めよったか」

「はい、認めます。西田様はなんでもお見通しですから。わたしのこと」

「そうだ！　おれはそのドレスの中まで見通せるぞ。どれどれ……Dカップだな」

「正解です！　Dカップです！」

「ウソ言うなぁ。また見栄はって言っただろ。本当はCカップじゃないのか？」

「はい、また見栄をはってウソを言いました。本当はCカップです」

「やっぱりな」と西田は上機嫌だ。

そのあと、西田の態度はさらに軟化し、シャンパンを2本も追加して楽しそうに飲んでいた。彩歌も、お客への承認のやり方が少しわかった気がした。

西田のその日の売上は15万円。西田が一人で来て15万円である。売上より客数で考えようとは思うものの、〝承認で売上はアップする！〟と思わざるを得ない彩歌であった。


貞行社長の紹介で来店したお客と、西田幹男が帰ったあと、しばらく客足が途絶えた。

クラブ麻由美は午前0時になると、店入口のネオンサインの照明を消し、1時になると店を閉める。閉店2時間前、23時になると、朋子が言った。

「このままお客様がみえなかったら、12時に閉めるわ。忍田ちゃん、11時半になったら、洗い物などをして帰り支度をしていいわ」

そう言った2、3分後、貞行社長が来店した。

「貞行社長！　いらっしゃいませ！」

彩歌も朋子も、ほかのスタッフも全員が立ち上がり、歓迎の気持ちを示した。

彩歌は、融資してくれた貞行社長のファンになったからだ。

朋子は、クラブ麻由美のもっとも古い常連客の一人だからだ。それに、先ほど、貞行社長が紹介してくれたお客のお礼も言いたい。

ほかのスタッフも、それぞれ貞行社長の来店を喜ぶ理由がある。

貞行社長は紳士であり、和やかであり、自分たちに礼儀正しく接してくれて、ときどきセンスのいいお土産をくれるからである。

また、お客がいない店内で携帯をさわっているより接客が好きだからであり、彩歌と同様、うなずきやリフレイン、ミラーリングの練習をしたいと思っていたからである。

うれしそうな店内の表情とは裏腹に、貞行社長は深刻なようすだ。いつもは柔和な印象だから、なにかおかしい……と誰もが思った。

「お話があるんですが、よろしいでしょうか」と、朋子に話しかける。

貞行社長はお客の立場なのに、いつもどおりていねいな物腰だ。しかし、表情は硬い。

「みなさんも知っておいたほうがいいから、もしよければ集まっていただいたほうが……」と、店内を見渡す。

「貞行社長、先日は……」と彩歌が話しかけると、「ああ、今日はその件ではないんですよ」と話をさえぎった。

貞行社長がソファに浅く腰掛け、静かに話し始めた。

「早くお伝えしたほうがいいと思い、急にお邪魔したんですが、じつはですね、こちらにもよくいらっしゃる、株式会社ロイスさんが倒産したんです」

そこで貞行社長が区切ると、一斉に「えー！」とか「うっそぉー！」「外田社長の？」などの声があがった。

ピンとこないのは彩歌だけである。朋子は、心底、まいった……という表情だ。

株式会社ロイスはソーラーパネルの会社である。電力も売買している。社長は外田三朗氏。クラブ麻由美では、上位3本の指に入るロイヤルカスタマーといっていい。

「倒産には、もう事業をやめてしまって清算するタイプと、会社を再建するタイプがありますが、ロイスさんは清算するほうを選んだようです。清算というか、破産ですけどね。それで……困ったことに外田社長は行方不明のようです……。おそらくですが、連鎖倒産も何社か出ると思います。お節介とは思いましたが、こちらで何度も外田さんを見かけていますから、もしかすると売掛金があるのではないかと……。ただ、回収は相当むずかしいと思いますがね。でも、知らないよりはいいかと思いまして……」

「社長、ありがとうございます。もちろんです。知らないより知っていたほうがいいに決まっています。折をみてママにも伝えます。それで社長、なにか、わたしたちにできることって、あるんでしょうか……」

「ええ、まあ、正直に言うと、これといってないんです。ただ、破産管財人がつくと思いますから、わかりしだい、こちらにも連絡します。会社宛てで請求書を発行しているでしょうから、このお店もというか、ママも債権者の一人です。ロイスさんの資産を換金して、一応、債権者には分配されることになっていますから。申し訳ないが、期待しないで待ちましょうとしか言えないんですけどね……」

「そんな……、貞行社長が謝ることではありません。かえってすみません。教えてくださってありがとうございます」

聞き終わって、貞行社長になにも飲み物を出していなかったことに気がついた。

朋子が、「ママのボトルを出すから飲んでください」と申し出た。店がごちそうするから飲んでいってほしいということだ。

しかし貞行社長は、「今日は飲みに来たわけではありませんから」と固辞し、店を出た。ほかに知らせておきたい先があるのだろう。忙しいなか、うちのお店に寄ってくれてほんとうにありがたいと、朋子は心の中で感謝の手を合わせた。

彩歌は、ほぼ無言で貞行社長を見送った。なにか言いたいのだが、なんと言えばいいかがわからなかった。何度も頭を下げることしかできなかった。

朋子がいてくれてよかった。彩歌はちんぷんかんぷんだ。ただ、かなりまずい状態であることはわかる。売掛金とは、いわゆるツケであることもわかる。

こういうこと、いま、お母さんに言ったほうがいいんだろうか……。お母さんに教えたって、入院中では何もできないんだし、言わないほうがいいんじゃないかしら……。

朋子が話し始めた。

「みんなには言っておきますね。でも、人には言っちゃだめよ。外田さんのところはね、掛けは1600万くらいあるの。まいったわ。このことを知っているのは、ママとわたしの二人だけだったんだけど、いまみんなにも言っちゃったからね。でもほかの人にはお願いだから言わないでね。外田さんって、毎回、金額が大きかったじゃない。1回30万円くらいで、2、3日に一度は来店してくださったからね。毎月500万円くらいの掛けだったんだけど、ちゃんと払ってくれてたのよ。何年も。でもね、3カ月前くらいから請求書を送っても振り込まれなくなったのよ。ママも何度かアポをとって、外田さんのところへ行ったの。会社にね。でも、行くと、『急用ができて出かけました』って言われて……。お店にも来なくなったし、最初は、よほど忙しいのかなと思ったんだけど、それでもあるとき、会社へ行ったら会えたのね。ママが、外田さんに。そのとき、『月末には払うから、済まない』って言われて、なんだか急に老けたのかなと思うほど、疲れているように見えたんだって。外田さんが。そしてママに『疲れたなぁ……』ってボソッと言ったので、ママはピンと来たらしいのね。金策に追われているんだなって。だから、ママは覚悟していたと思うの。ただ、うちも困るから、ここだけの話、言っちゃうけど、銀行にもいくつかかけ合ったの。ママが。融資してくれないかって……。お金を借りないと、いろんな支払いができなくなっちゃうからね。でも、水商売って融資してもらえないのよ。だからって、すごく金利が高いところから借りるのもイヤでしょう。融資はあきらめて、『独立したころのことを思い出して、お客様を増やしていくしかないわね』って、ママと話していたんだけどね。ま、こうなったら、わたしたちでなんとかするしかないってことよ」

朋子が話し終えても、静まりかえったままだ。

彩歌はせつなくなった。

そうだったのか。お母さん、そんなことひとことも言わないで、ふつうにしてた。きっと、そういうこともストレスになって、病気が進行したのかもしれない。お母さん、かわいそう……。

１６００万円もの売掛金があることを知ったからといって、給料を遅らせるわけにはいかない。彩歌は、その夜も全員にいつもどおり日給を払い、重い足取りで家に帰った。

Story 10

ナカワングランプリ

621万円……601万円……596万円……588万円……。

クラブ麻由美の通帳に記帳された残高である。中洲川端駅の近くのATMで、記帳したばかりの通帳をこっそりのぞく。千円以下の数字は読まず、万の単位だけ彩歌は読んだ。

毎日、平均して20万円を引き出す。毎日、売上を入金する。その繰り返しである。入金額が引出額を上回れば、残高は増えていくはずだ。しかし、毎日確実に減っていく。

貞行社長から借りた500万円が含まれているから、一見、余裕がありそうに見える。しかし、あと1週間もすれば家賃の振込がある。残高は500万円を切るかもしれない。来月から貞行社長への返済も始まる。毎月50万円だ。彩歌は計算する。

仮に、今月末の残高が500万円だとして……来月は売上が多くて、来月末の残高が、変わらず500万円だとしても、お家賃60万と返済の50万で110万を引いたら……390万？　ほんと？　ウソ……。やだ……。じゃあ、その次の月末も、残高は変わっていないとしたら、お家賃と返済の分とで110を引くから……280？　このままだったら半年もたない……。

正しくは〝半年ももたない〟である。現在のペースだと、4カ月後には残高が60万円になってしまうのだ。それどころか実際はもっと厳しい数字になるはずだ。彩歌がもらうべき報酬を差し引かなければならないからだ。

ママ代理である以上、母親並みにもらうのは無理としても、彩歌の最低限の生活費は必要だ。髪を結っているわけではないから、毎日行く必要はないが、美容室代もかかる。あと2、3日もすれば、自分の財布から現金がなくなることに気づくだろう……。

彩歌もほかのスタッフ同様、1日1万5000円の日給を月給でもらうとすると35万円くらいにはなる。彩歌のことだから「そんなにいただけません」と言い、1日1万円の報酬としても月25万円。その分を引いていくと、残高は3カ月後に70万円となる。

毎日思うことだが、今日も思う。彩歌は決心した。

お客様を増やす！

絶対増やす！

なんとしても増やす！

どうにかして増やす！

どうしても増やす！

彩歌は、まだATMの片隅に立ったままである。声こそ出さないが、通帳をにらみ、鼻息を荒くしている彩歌を、ほかの利用者は怪訝そうに見ている。

うなずきよ。うなずきが大事よ。

やはり声には出さないが、念じるように思い、何度もうなずく。

通帳を見ながら何度もうなずく若い女性を、ほかのATM利用者は不審そうに見ている。

リフレイン。リフレインをリフレインよ！　そしてミラーリング！

このミラーリングのところで、彩歌は思わず声に出してしまった。

ATMの機械の前で操作中の若い男が、ギョッとした表情で振り向いた。驚きの表情だ。すかさず彩歌も、その若い男と同じような驚きの表情を返した。ミラーリングである。男は、さらに驚いたが、彩歌はニッコリ笑ってATMを出た。

歩いていると、いろいろな考えが浮かび、なおかつ思考の整理もはかどることが多い。

ATMを出てから店まで歩いていると、疑問というか不安がひとつ生じた。

新川社長に教えてもらった、うなずきとリフレイン、ミラーリングを継続することで、お客様は満足し、リピートしてもらえそうなことはわかる。満足していただければ、知り合いを連れてきてくれたり、紹介してくれたりすることも想像できる。

でも、それでどれだけお客様が増えるのかしら。半年以内に、かなりのお客様が増えないと、通帳の残高は増えないかもしれない……。間に合うかな……。今のペースだと、間に合わないいんじゃないかな……。

不安は不安を呼ぶ。不安の連鎖だ。

お母さんは、いつ戻れるんだろう。お店に立てるのは2カ月後くらいって言ってたけど、お母さんが戻ってきたときに、取り返しのつかないほどの状況になっていたら、どうしよう……。なんて言おう……。わたしのせいだわ……。

彩歌は大きな不安、恐怖ともいえる不安を感じていた。

と、そのとき彩歌の携帯が鳴った。新川社長からだった。

「新川です。いまどちらですか？　そうですか。もうすぐお店ですか。それじゃあ、これからそっちへ行きますね。知らせておきたいことがあるんですよ。え？　どこかが倒産？　違います。いい話だと思いますよ。お店にとって。では、10分後くらいに行きます」

「新川社長！　早いですね。10分かかっていないんじゃないですか？」

「ということは、彩歌ちゃん、僕の名刺をちゃんと見てないですね？　僕の会社はすぐ近くなんですよ。来ようと思えば5分で来られますよ(笑)」

「……すみません。お名刺に、なんかいろいろ書いてあるなぁとは思ったんですが、住所はちゃんと見ていませんでした。それと、昨日はありがとうございます。わたし、なんにも知らないので本当に勉強になりました」

「昨日の内容はね、僕の得意なことだから、僕も楽しかったですよ。それよりなに？　さっきの電話で倒産がどうしたって……」

「あ、あの、夕べ、ロイスさんというところが倒産したという話を聞いたばかりで、新川社長がお電話で『知らせておきたいことがある』とおっしゃったので、またどこかが倒産したのかと思って……」

「ああ、そういうことですか。そうそう、ロイスね。あれはびっくりしましたね。ここも500万や600万くらい、掛けが残ってるんじゃないかな。外田さんは、ここがお気に入りだったから」

「……あの……1600万円くらいだって言ってました。チーママが。秘密ですけど……」

新川社長には話してもいいだろうと思った。

「あ、そう。ずいぶんいったねぇ……。それじゃ、なおさら、これはいい話だと思うよ。あのですね、来週から『中洲No.1グランプリ』という催しが始まるんですよ。これに参加すると、けっこうな数のお客が来ると思います。この店に来たことがないお客も相当来るだろうから、まぁ見込客が大勢来ると思えばいいでしょう。そして、これらのお客が気に入れば、そのあとリピートしてくれるし、グランプリに輝けば、賞金が500万もらえます。お金も魅力的だけど、グランプリは、星が3つもらえるんです。レストランとかであるでしょう。星が3つとか、1つとか。このグランプリで3つ星がもらえるのは、たった1軒。中洲にある店の中で1軒だけ3つ星がもらえるんです。3つ星をもらったら、違いますよ。中洲でいちばんの名店とみなされますからね。第1回のグランプリになれば、つまり1位になれば、お客には困らないと思いますよ。ま、来すぎてしまって、店に入れないほど行列ができてしまうでしょうから、〝会員制〟にして紹介者のみ入れることにすればいいでしょう」

最後のほうはニコニコして、ひと息に話し、彩歌の反応をうかがった。

見込客が大勢？

リピートしてくれる？

中洲でいちばんの名店？

来すぎてしまう？

店に入れないほど行列？

やるしかないじゃん！

「出ます！　そのグランプリに出ます！　どうすればいいんですか？」

新川社長のほうに、ぐっと身を乗り出して彩歌は迫った。新川社長は、「じゃ、手短に概要をお話ししましょう」と話し始めた。次のような内容である。

『中洲No．1グランプリ』の概要
正式名称は『中洲 接待飲食店 名店No．1グランプリ』という。中洲で営業するスナックやラウンジ、クラブと呼ばれる高級店のなかから、利用客の投票によって、独自のグレード付けをおこなうもの。

まちおこしの祭典として開催されている「B−1グランプリ」や漫才のコンクールである「M−1グランプリ」が有名だが、「中洲 接待飲食店 名店No．1グランプリ」、通称「ナカ1《ワン》グランプリ」は、中洲エリアの飲食店に絞った投票コンクールであり、星の数で格付けされる、シビアな催し。

福岡には「博多三大祭り」がある。5月の「博多どんたく港まつり」。7月の「博多祇園山笠」。9月の「放生会《ほうじょうや》」だ。ほかに、「博多おくんち」や「中洲まつり」が10月に開催されるが、6月は中洲にお客を呼び込む仕掛けがない。福岡県内各地で、アジサイやホタル、花菖蒲を楽しむ催しはあるが、中洲に流れる人は少ない。そこで6月の人出を増やすべく企画されたのだ。

主催は中洲名店協会。協会では〝名店〟の意味を「有名店」という意味だけではなく「いい店として名だたるお店」と定義している。いい店の5条件は、次のとおり。

①行ってよかったと思う店。
②また行きたいと思う店。
③人に紹介したくなる店。

④安心できる店。
⑤清潔な店。
いい店になりたいと願うオーナーの店であれば、入会できる。中洲に2300店が存在するが、約9割の2100店が会員という驚異的な入会率を誇る人気協会。


格付けの意味。レストランやホテルを格付けした、フランスの有名なガイドブックは、星の数の違いにより、次のようなランク分けをしている。

1つ星＝とくにおいしい。

2つ星＝遠回りしてでも訪ねたいほどのおいしさ。

3つ星＝わざわざ旅行してまでも食べたいおいしさ。


中洲Ｎｏ．1グランプリの格付けは、次の規定がある。

1つ星＝とくにいいお店。2100店中、10店のみ星がもらえる。

2つ星＝週1回（年間50回）は通いたいほどいいお店。5店のみ星がもらえる。

3つ星＝毎日でも（年間300回）通いたいほどいいお店。1店のみもらえる。

ルール。中洲の店を訪ねたお客が、気に入った店に投票する。中洲中心部に投票所を設ける。お客は投票所内に設置された、全2100店のパネルにタッチする。毎日18時から深夜1時まで投票可能。何店に投票してもよい。ただし、指紋認証により、同一日に同じ店に投票しても無効となる。もちろん毎日投票してもよい。

投票できるのは一般のお客のみ。中洲で営業している店の従業員は投票できない。協会の役員がチェックしている。

投票期間は6月1日より6月30日までの1カ月間。毎週日曜日に中間発表がおこなわれる。最終結果は7月1日に中洲にある中洲ワードホテル大広間で発表され、授賞式がおこなわれる。

星がもらえることに最大の価値があるが、副賞として1つ星受賞店には100万円。2つ星店には200万円。3つ星店には500万円が渡される。

なぜ新川社長が、ナカワングランプリ（中洲No.1グランプリ）に詳しいのか。

新川社長はスナックやクラブの経営者ではないが、中洲名店協会から頼まれて、このグランプリの実行委員会顧問に就任しているからである。この日の委員会で、最終的な実施要綱が決まったので、まっ先に彩歌へ連絡し、教えに来てくれたのだ。

「新川社長は、このグランプリのこと、前からご存知だったんですか?」

「もちろん知っていましたよ。半年以上も前から実行委員会を開いて、詳細を詰めてきましたからね。僕は、この実行委員会の顧問なんです。ただ、協会加盟店への発表は、開催2週間前にしようと決まっていたので、いままで言えなかったんです。悪く思わないでね」

「もっと早く案内したほうがいいと思うんですが、どうして2週間前なんですか?」

「そうだね。簡単に言うと、これといった準備ができないまま開催したほうがいいと考えたからなんですよ。3カ月も半年も前から案内してしまうと、『6月に飲みに来てほしい』とか、『ウチに投票してほしい』とか、〝選挙運動〟みたいなことをやる店も出てくるのではないかと思ってね。お客に事前に〝根回し〟する時間が少ないほうが、店のふだんの実力が問われると思っているんです。本当だったら、開催前日でもいいくらいなんだけど、印刷物をつくったり、投票所をつくったりと、本部のほうの準備があるので2週間前にしたんです。僕が言ってること、わかります?」

「はぁ、なんとなくわかります……」

「そういうわけで、来週、協会のホームページにグランプリの案内をアップするので見ておいてくださいね。名店協会に登録してあるメールアドレスにも送りますが、彩歌ちゃんのところはママにメールが届くでしょう？　ママに届いても、すぐ見てもらえるかどうかわからないから、彩歌ちゃんに知らせに来たというわけです」

彩歌は、新川社長にお礼の言葉を述べた。心からありがたいと思った。こんなふうにお店を応援してくれる人がいることに、いや、お母さんを応援してくれているのかもしれないけれど、この親切に、なんとかして恩返しをしたい。しなければならない。

「新川社長、ありがとうございます。中洲No．1グランプリに参加して、３つ星は無理でも、１つ星はとれるようにがんばりたいと思います」

「彩歌ちゃん、ちょっといいかな？『３つ星は無理でも、１つ星はとれるようにがんばりたいと思います』って言ったよね？　いま。厳しいことを言うようだけど、そんなことじゃ１つ星をとるのもむずかしいと思うよ。彩歌ちゃんのママなら、そんな言い方、しないな……。あのね、『絶対３つ星をとるんだ！』って必死にがんばった人でも、３つ星をとれるとはかぎらない。２つ星かもしれないし、１つ星かもしれない。でも、少なくともイチバンを目指さなかったら、イチバンにはなれません。僕の言っていること、わかります？　それに『がんばりたいと思います』って、そんな〝タイ〟とか〝マス〟とか魚の名前を言っているようでは、1つ星だってとれないよ。こういうときはね、『3つ星をとる！』って宣言するんです。『1位をとる！』って言い切るんです。『イチバンをとる！』って発表するんです。明日、スタッフに言ってください。『ナカワングランプリで、クラブ麻由美は3つ星をとります！』って。『だからみんなでがんばろう！』って……。いいですね。思いは通じますから。強く願えば、実現しますから。強い願望を抱き、熱意をもって取り組めば、高い目標も実現できるものです！」

「……はい……。言います。あした。社長、ありがとうございます。がんばります」

彩歌は、なぜか泣いていた。

悲しいわけではない。なぜ涙が出てくるのかわからない。新川社長の言葉が励ましに聞こえたのだろう。

泣きながら、思った。

お母さん、見てて。彩歌、がんばるから。

グランプリをとって、中洲でたった1店だけの3つ星をもらうからね。

Story 11

『絶対3つ星　7か条』

新川社長が帰ったあと、誰よりも早く出勤してきたのは忍田だった。

「忍田さん、おはようございます。今日は早いんですね」

「いやぁ、いっつもママ代理にグラスを洗わせたり、掃除をさせたりして、申し訳ないって思ってるんすよ」

「そんなことないです。わたしは、いちばん年下で、未経験者なんだから、洗い物も掃除も当然なんです」

そう言っていると、美佳や淳子、乃愛と亜紀も出勤してきた。もちろん朋子もいる。「おはようございまーす」とあいさつをしていると、結局、全員が出勤した。

あら、今日のシフトは全員じゃなかったはず……。お給料のお金、たりるかしら……。

でも、みんなそろっていてラッキーだわ。一度に伝えられるほうがいいから。

「みなさぁーん、おはようございます。すみません。急なんですがミーティングを始めたいと思います。あ、始めます。すみませんが集まってください」

彩歌は、新川社長から教えてもらったばかりの「中洲No.1グランプリ」の概要を一気に伝えた。今回は忍田にも聞いてもらった。

ほんの少し前まで、新川社長から聞いていた話だから、ほぼ、もれなく説明できた。彩歌の説明が終わると、各自が口を開いた。関心を持ったようだ。

「ということは、うちのお店のお客様にLINEして、『うちに投票してください』って言えば済む話なんじゃなくて?」

「それって不正じゃないの?」

「いいんじゃないの? お願いするだけだったら。ワイロを渡したらダメだけど」

「投票するんだから、選挙のようなものでしょ?」

「選挙だったら、うちのお店のポスターを貼ればいいんじゃない?」

「お店のポスターって変じゃない? ママのポスター?」

「オレ、500万もらったら、クルマを買おうかな」

「あんた、なに言ってんの。一人ずつ500万円もらえるわけじゃないのよ。お店にもらうの。500万円は!」

「あ、そうなんすか？」

「あと2週間で投票が始まるって言ったっけ？　すぐじゃん！」

「今日からLINEしたほうがいいんじゃない？」

「セット料金を安くすれば、じゃんじゃんお客様が来るんじゃないかな？」

「えー、やだぁー。安くしたら忙しくなるじゃん」

「なに言ってんの。お客様が多いほうがいいじゃない」

「安くするのはだめだよ。安くして、わたしたちのお給料も安くなったら困るじゃん」

「あ、そうか」

ガヤガヤしているが、好き勝手に言っているだけで、まとまりそうにない。そこで、彩歌が提案した。

「あのぉ、よろしいですか」

真剣な表情の彩歌を見て、みんな黙った。

「さっきは言っていなかったんですけど、うちのお店はグランプリをとります。3つ星をいただきます。ママ代理として、勝手に決めさせてもらいました。絶対、とるんです。なので、どうやれば3つ星をいただけるか、一人ずつアイデアを言ってほしいんですけど、いいですか？」

彩歌の言いぶりに、「これは真剣だ」「本気で言っている」と感じたのだろう。全員が考え出し、少し経ってから「では、発表をお願いします」とうながした。

彩歌は、各自が発表したものを書き出した。

1　新川社長に習った承認のツールを使いまくる／麻里、彩歌
2　常連客にLINEする／有希
3　お客様に電話をする／美佳
4　5カウントの法則を実践する（彩歌以外は、一応聞いたことがある）／淳子
5　松田先生に相談する（彩歌以外は、講演会を聞きに行ったことがある）／朋子
6　常連客にハガキを書く／結子
7　同伴出勤やアフターを増やす／乃愛、亜紀
8　もっとかわいい女の子を増やす／忍田

1の「承認のツール」は、麻里が提案したあと、全員が賛成した。昨日受講した、新川社長の特別講座はグッドタイミングだった。

スタッフの多くは、この3ルールを忘れていたようだ。彩歌は、この3ルールしか知らないから、「わたしは、これをやるしかありません！」と言い切った。

2の「LINE」は、日頃、スタッフたちがおこなっていることである。しかしふだんは、お客が帰ったあとや、来店した翌日などに、来店後のお礼を伝えるメッセージとして活用している。

有希は、「ウチのお店に投票お願いします！」とメッセージを送ることを提案。だが、朋子に却下された。「そんな売り込みやお願い、ママがすると思う？」と。

今回は、「こんど中洲No．1ランプリに参戦することになりました。がんばりますので、応援よろしくお願いします！」と来店前のメッセージとして送ることにした。

3の「電話」も、投票のお願いではなく、「グランプリを開催していますが、ご存知ですか？」と案内をすることにした。また、投票が始まってから1週間ごとに中間発表がある。「その発表内容を電話で知らせるのもよいのでは？」という意見が出た。

4の「5カウントの法則」は、以前、新川社長から教えてもらっている。覚えてはいるが、いつも意識して実行しているかとなると、「自信がない」者が9人中8人。彩歌も知っておいたほうがよいので、できればグランプリ開催前に、「新川社長に再度、教えてもらう」ことで意見が一致。

5の「松田先生」は、経営コンサルタントの松田太壱《たいち》氏。真由美ママの勧めで、以前、スタッフ全員で松田先生の講演会やセミナーへ参加したことがある。

今回のグランプリで1番をとるには、「松田先生に相談して、勝ち方を教えてもらったほうがいいのでは」という朋子からの提案に、彩歌が賛成した。ただし、教えていただくには、それなりの費用がかかるだろうから、朋子から松田先生に一度、電話をしてみることに決定。

6の「ハガキ」は、クラブ麻由美でも以前から取り組んでいる。スタッフによって個人差はあるが、ハガキの効果は全員が知っている。だが今回は1カ月間という短い時間なので、その成果は出ないのではないかと考えるスタッフが多かった。

しかし、ママに次いでハガキを書く枚数が多い結子だけは、「ハガキはやるべきだと思います!」と強く提案した。「1カ月もあれば十分、見込みあります！　みんながやらないなら、わたし一人でもやります!」という剣幕に押され、全員で書くことに。

7の「同伴、アフター」は、ふだんからその回数が多い乃愛と、「もうちょっと同伴がんばってほしいなぁ」と朋子に言われている亜紀が提案。「アフターのとき、お店を出たら、まず、その投票所へ一緒に行って、お客様に投票してもらえばいいじゃん！　絶対間違いない作戦だと思わない？」という乃愛の意見に、彩歌以外の全員が激しくうなずいた。

「わたし、同伴出勤もアフターもやったことがないので、こんどからやります。どうすればできるか、どなたか教えてください」という彩歌に、何人かが「まかせて！」「ハ〜イ！」「おまかせ！」「ここに同伴の女王がいるよ！」と答えた。

8の忍田の提案だが、「もっとかわいい女の子を増やせばいいんじゃないすか」と忍田が言い終えたとたん、紛糾した。「これ以上、かわいい女の子がどこにいるっていうのよ！」「はい、却下！」「忍田さん、中洲のホステスを全員、敵に回したわね」「ママに言うわよ」「そんなこと言うなら、もっとイケメンの黒服に交代させるわよ」などと、彩歌以外の全員に文句を言われて却下。「彩歌ちゃん、なに書いてんの？　消してちょうだい！」と朋子に言われて線を引いた。

線を引いたあとのメモを見て、朋子が言った。

「これ、7つあるから、『ナントカカントカの7か条』にしない？」

すぐ誰かが質問した。

「ナントカカントカって？」

「だからそれを考えるのよ！」

「だったら、彩歌ちゃんが『ゼッタイ3つ星をとりたい』って言ってたから、『ゼッタイ3つ星　7か条』というのはどうですか？」

美佳が言った。全員がうなずいた。

彩歌は、メモの上に書き加えた。


「絶対3つ星　7か条」


なんだか3つ星をとれそうな気がしてきた。

「うなずき・リフレイン・ミラーリング」は、さっそく今夜から意識的に取り組むことにした。

「麻里ちゃん、承認のやり方に関しては、麻里ちゃんがリーダーになって、みんなを指導してくれる?」と朋子に言われ、麻里がリードすることになった。

「承認リーダーの麻里でぇーす。みんな、わたしの言うことを聞くように(笑)」と、周囲を笑わせた。

LINEでの「応援よろしくメッセージ」は、翌日以降、各自が自分のお客に発信することにした。新川社長の話だと、明日、中洲名店協会のホームページで案内されることになっている。そこを確認したあと、亜紀が意見を出してくれたのだ。

「ホームページでおおやけになってから発信したほうがいいと思います。いまからやると、〝インサイダー取引〟みたいで、まずいんじゃないですか。うちのお店は、清廉潔白、正々堂々と選挙戦を戦ったほうがいいと思います」

理解してかどうかは不明だが、「亜紀ちゃんの言うとおりでーす」と麻里が言った。

LINEでの書き方は自由。ただし、〝来店してほしい〟とか〝ウチの店に投票してほしい〟といったことは書かない。〝応援よろしくお願いします〟という趣旨で発信することを確認しあった。

電話も同様。「ご来店お待ちしております」とか「清き一票をお願いします」と言わなくても、「ナカワングランプリの応援を」と言えば、常連客はわかってくれる、と朋子が念押し。

新川社長には、彩歌がその場で電話をかけた。つい先ほどまで時間を割いてくれていたので、かなり恐縮したが、とにかくアポイントメントだけでもと、急いだ。

「5カウントの法則？　について教えていただきたいんですが、ご都合のいいお時間がありますか？」との依頼に、「土曜日の夕方なら」との返答。土曜日は3限目の授業が終われば問題ない。16時に約束。新川社長が「僕の会社へ来てもらえると助かる」と言うので、会社に16時と決定。彩歌が教えてもらい、彩歌から、みんなに伝えることにした。

松田先生には、翌日以降、朋子が連絡をとることにした。連絡がとれたとして、いつ、どのようにしてアドバイスを受けるかは朋子に一任。

ハガキもＬＩＮＥ、電話同様、「応援よろしく」の一行を書き加えることに決定。中間発表ごとに、「ナカワングランプリ、がんばってます！」とだけ手書きで書いたハガキを出すことも決定。結子がポストカード専門店である『ホワイトペース』に注文をしてくれることになった。

同伴は、確実に投票数に直結することを全員が確認しあい、「なんとしても同伴は増やそう！」と申し合わせた。

アフターは、無理せず、翌日の仕事に支障のないように努力することで一致。

同伴に関しては、「美佳ちゃんが先生」であり「乃愛ちゃんが女王」であると、朋子が教えてくれた。


忍田には、朋子が声をかけた。

「話を聞いていてわかると思うけど、このグランプリで1位になるって、すごいことだと思わない？　中洲に2000軒以上もお店があるのに、たった1軒しか3つ星はもらえないのよ。お店が3つ星をもらうってことは、黒服も中洲でいちばんってことになるのよ。わかる？　そう、忍田ちゃんだけが黒服として3つ星をもらえるってことよ。すごいことだと思わない？　でも、もしよ、もし、忍田ちゃんの制服が汚れていたり、言葉づかいがちゃんとしていなくて、お客様に『ここは大したことがない』って思われたら、ウチに投票してもらえないかも。忍田ちゃんだけが心配なんじゃないよ。あなたがちゃんとやっているのに、わたしたちの誰かが手を抜いたら、やっぱり3つ星をもらうのは無理だと思うわ。そんなんなったら、忍田ちゃんも残念でしょ？　だから、わたしたちもがんばるから、忍田ちゃんもがんばってほしいの。いいわね……。ありがとう」

忍田の顔つきが変わった。ふだんはトンチンカンなことばかり言っている忍田だが、真由美の前ではシャキッとしている。しかし、真由美が不在だと、自分を叱る人がいないのをいいことに、朋子たちにナメた態度をとっていたのだ。

でも、朋子がちょっと話しただけで態度を改めたようだ。朋子は、神妙な顔をした忍田を初めて見たような気がした。

この子も話せばわかるのね。いままでのように叱ったり、脅したりだけじゃなく、少しおだててあげるのもよさそうね……。

朋子が忍田に言ったことは、本当は正しくはない。店が3つ星をもらったからといって、黒服も中洲でいちばんと認められるわけではない。黒服として3つ星を授与されるわけではないからだ。

しかし、これくらいは許される嘘と言えるだろう。これまでの忍田の仕事ぶりはともかく、少なくともナカワングランプリの投票期間だけでも、忍田が生まれ変わればいいのである。

トップが不在の状態も、ときには人を育てるのに悪くないものである。

クラブ麻由美のホステスたちは、「うなずき・リフレイン・ミラーリングを今夜から実戦練習！」と意気込んだ。

だが、肝心のお客が少なく、お客一人に対してホステスが3人という状態が続いた。

お客がしゃべると、3人がうなずき、リフレインし、ミラーリングをするものだから、やがてお客が、これはおかしい……と気づき始めた。

「なに、これ、なんかのゲーム？　みんなでウンウンうなずいたりして(笑)」

すると3人が、「そうそう、なんかのゲーム」と言い、「わたしが承認リーダーなんです！」と、お客には通じないことを麻里が言い、みんなでウンウンとうなずくので、わけがわからない笑いが起きるという、練習にならない夜を過ごしていた。

だが、このお客もまもなく店を出た。

この夜もそうだが、電車や地下鉄を利用して帰るお客は、23時を過ぎると時間を気にしだす。タクシーで帰るお客でも、もう1軒、顔を出してから……と考えている場合は、店を移るタイミングを見計らう。

終電に遅れまいと、今夜も二人、23時50分に店を出た。

お客が誰もいなくなり、朋子は美佳と有希に「帰り支度をしていいわよ」と声をかけた。

美佳と有希は、昼間も別の仕事を持っているので、いつもは0時30分に店を上がるのだ。

今日はもう、お店を閉めちゃおうかな……と、朋子がちらっと考えたとき、店のドアが開いた。

「まだ大丈夫～？」

「もちろんですよ。そろそろおみえになるかと思って、山畑さんをお待ちしていたんですよぉ」と朋子が答える。

山畑は、薬品関係の会社の代表で、平均して週に1回は来店する常連だ。彩歌が勤め始めて10日間ほど経つが、その間に山畑が来なかったのは、出張に出ていたからだろう。出張から戻ると勇んでやってくる。

ただし、店に来る時間は遅い。遅いというより、いつもだいたい閉店間際だ。店を閉めてから、ホステスと一緒に食事に行くアフター目当てで来店するのである。

毎回、遅い時間になってからドアを開け、「まだ大丈夫～?」と聞いてくる。一度、ふざけて「ごめんなさい。大丈夫じゃないんですー。もう今日はクローズなんですよ」と言ってみた。失敗である。「じゃあ、ちょうどよかった、アフターへ行く時間だね。なかで待ってるね」と店へ入ってきたからだ。

山畑が席についたとき、美佳と有希が着替えを終わって、控え室から出てきた。

「あー山畑さん、いらっしゃいませー」

「なんだ、もう帰るのか。ごはん食べに行かないのか?」

そう誘ったが、二人は「ごめんなさぁーい。これから会議なので先に出まぁーす」と、おどけて帰っていった。

残りのスタッフが全員、山畑社長を取り囲む。

「なんだ、なんだ、みんなおれのことが好きなのか……。まいったなぁ」と喜んでいる山畑に、朋子が彩歌を紹介する。

「若いママ代理だなぁ。彩歌ちゃんか。よし、彩歌ちゃん、アフターへ一緒に行こう! 林蕎麦に行くぞ」

「えー! わたしをおいてくつもり!」と乃愛が叫ぶ。

「わかった、わかった、じゃあ、彩歌ちゃんと、麻里ちゃん……亜紀ちゃんと……乃愛ちゃん! もう少ししたら林蕎麦へ行くぞ!」

ほんの5、6時間前に「同伴やアフターを増やしていこう」と、みんなで申し合わせたばかりなのに、あぁ、これが、新川社長が言っていた〝思えば実現する〟ということかな……。

スタッフに囲まれて楽しいのだろう。山畑は機嫌がいい。「どこか出張に行っていたんですか」と聞かれて、みんなが出張先の話を〝承認〟しながら聞いてくれるので、気分よく話しているようだ。

彩歌が控え室で順番に給料を渡したり、着替えを済ませたりしているうちに、1時近くになり、最後に後かたづけをする朋子を残して、山畑たちは「林蕎麦」へ向かった。

扉を開けると、深夜1時とは思えないほど、店内はにぎわっている。ほとんどがお客とホステスの組み合わせである。

こんな時間に、こんなに繁盛しているお店があるんだなぁ……。中洲って、不思議な街だなぁ……。

彩歌が真由美と住んでいる大濠公園駅のあたりは、夜遅くまで営業している飲食店もあるが、雰囲気がぜんぜん違う。自宅近くで深夜に利用する店といえば、コンビニしか考えられない。場所が異なれば、店も客層も異なることは、まだ理解できない彩歌である。

初めての深夜の歓楽街をおもしろがっている彩歌に、山畑は話しかけた。

「おれは、カツとじとビール。彩歌ちゃんは？」

「えー、どうして彩歌ちゃんだけ聞いて、わたしたちに聞いてくれないんですかー」

と、まわりでうるさくしゃべる。

しかし、大きな声で話さなければ聞き取りにくいと感じるほど、店内はにぎやかだ。ウーロン茶以外、メニューを見ても注文したいものが思いつかない。彩歌は、麻里や亜紀に注文を託し、山畑のおしゃべりの相手をしていた。

食事も終わりに近づいたころ、山畑が言った。

「今日は彩歌ちゃんがアフターに付き合ってくれてうれしかったなぁ。よし、お礼におれが送っていくよ」

え、こういうときは当然、断ったほうがいいわよね……。どうしよう……。と焦り始めたとき、朋子が現れた。

「お待たせー。もう食べ終わった？　遅くなってごめんなさい」

「なんだい。チーママは来なくていいのに……なんで来たの」

「あら、わたし、彩歌ちゃんの保護者なんですよ。そろそろ連れて帰らないと。この娘は、いいとこのお嬢様ですから」

「いいとこのお嬢様なら、おれが送っていこうか？」

　山畑の申し出は朋子によって一蹴され、２時過ぎに解散となった。

「朋子さん、ありがとうございます。間一髪というところでした」

「アフターってねぇ、危険もいっぱいあるのよ。食事のあとにホテルに誘われることもあるからね。彩歌ちゃんは、今日、初アフターだから、万が一ってこともあると思って来てみたの」

「本当にありがとうございます。今日は、いい勉強になりました。帰りさえ気をつければ、アフターは、なんとかやっていけそうです」

　立ち話で朋子とわかれた。彩歌の長い１日が終わった。

Story 12

松田先生

昨日はあんなに盛り上がったのに、今日はなんだか気が抜けちゃうな……。

彩歌がそう思うのも無理はない。「中洲No．1グランプリ」という降って湧いたようなイベントのおかげで、クラブ麻由美のチームワークのよさを確認できたのは昨夜のことだ。同じ職場で働く者が全員集まり、目標を設定し、意見を出し合い、役割を分担するなど、彩歌には初めての経験である。

学校祭に向けて、クラスの仲間とワイワイガヤガヤするのとは大違い。うまくいけば店は繁盛。しかし、失敗すれば、母親が20年続けてきた店をつぶしてしまうかもしれないという、彩歌の人生において最大の試練の場を迎えたのだ。

この頼りになる先輩たちとともに、３つ星をとろう！　そう思ったのに、今日、出勤してきたのは３人。しかも、また朋子さんが遅れるという……。チーママなのに、「２時間くらい遅れるかも」というメッセージ。なんか、みんな緊張感がなさすぎじゃない？

スタッフが少ないことだけではない。お客が少ないことも、彩歌のやる気を失わせてしまう。

いままで、20時の開店と同時にお客様が来ることは少ないけど、今夜も、お店を開けて1時間半も経ったというのに、ゼロ。

こんな日に、新川社長に教えてもらったり、お母さんも勉強させてもらっている松田先生に会えればいいんだけど、朋子さんが連絡することになっているから、勝手なことはできないし……。お客様がいないから、リフレインもミラーリングもできないし……。お客様にLINEしたくても、わたしのお客様はまだいないし……。今日のお給料の準備も、3人と忍田さんの分だけだから、すぐ終わっちゃうし……、お客様が来ないから、パチンコ屋さんまで行って両替をしてこなくてもいいし……。

マイナス思考の店に、お客は集まらない。その夜も、スタッフが3人でちょうどよかったと、負け惜しみを言いたくなる程度の客数だった。

ただ、ひとつ朗報と言えることがあった。

出勤した朋子が教えてくれたのだが、経営コンサルタントの松田先生に連絡がつき、明日金曜日の夜、お店に来てくれることになったのだ。

この知らせ以外には、気持ちが浮き立つようなことは、何もない夜だった。

お客様さえ来てくれるなら、わたし、がんばる！　遅い時間のお客様には、自分からアフターへ誘ったっていい！　と覚悟を決めた彩歌だが、そもそも遅い時間に来たお客はいなかった。

「もう閉めようか」と朋子がつぶやき、0時には店じまいをした。

翌日の17時30分。彩歌の携帯に朋子からLINEメッセージが届いた。

「緊急！　大至急！　松田先生が18時15分くらいにお店に来るって！　わたしもなるべく早く行く！　よろしく！」

短いメッセージなのに、「！」が5つもつくほど。たしかに急ぎの連絡だ。

18時15分？　なんだか中途半端……と思ったが、それが気になっただけに、18時15分……18時15分……と、何度も繰り返して、彩歌も急いだ。いつもは地下鉄で出勤するが、今日はタクシーにした。

松田先生は18時5分に来店した。

はや……！　どうしよう、まだわたししかお店にいない……。

「はい、こんばんは。松田です。あー、あんたがママの娘さんかい。ここのママも美人だけど、あんたもべっぴんさんだねぇ。それじゃ、ここに座ろうかな」

細身だが、シャキッとしている。

70歳くらいかしら……。彩歌は、男性の年齢がわからない。身のこなしが軽やかで、テキパキと進めそう……。

まずは、おしぼりを出そうとしていたら、松田が言った。

「わたしはね、ビールをいただこうかな」

ビールとおしぼりを一緒に持っていき、慣れない手つきでビールを注ぐ。

「あー、うまいね。ビールは、この最初のひとくちがうまい。それで、あんたは何を知りたいんだったかな？」

彩歌は手短に話した。

中洲No．1グランプリが開かれること。

そこでグランプリをとって、3つ星をもらいたいこと。

そのために、どうすればお客に投票してもらえるか、何かいいアイデアがあれば教えていただきたい。

「なるほど。アイデアはないけれど、原理原則なら教えてあげることができますよ。ところであなたは、何のためにお店をしているか知っとるかい？」

あれ、さっきまでは「あんた」だったけど、いま「あなた」って言ってた。いや、そんなことはいい。なんのためにお店をしているか……？　お母さんじゃないから、わからない……。どうしよう。

「こういうこと、学校では教えてくれんからねぇ。なんでもいいから、書くものとペンを貸してちょうだい。紙ナプキンでもいいから。あー、それそれ。はぁー、高級な店は、いいものを使っとるねぇ」

紙ナプキンは高級なものではなく、いたって標準的なものだが、松田先生は、それに四角張った字でこう書いた。

経営の本質＝お客づくり

「わたしはほら、このとおりエラが張ってるでしょう。アゴが四角い。だから字も、こんなカクカクしたヘタ字になってしまう」

笑ったほうがいいのか、黙ってうなずいたほうがいいのか、判断がむずかしい。何も返

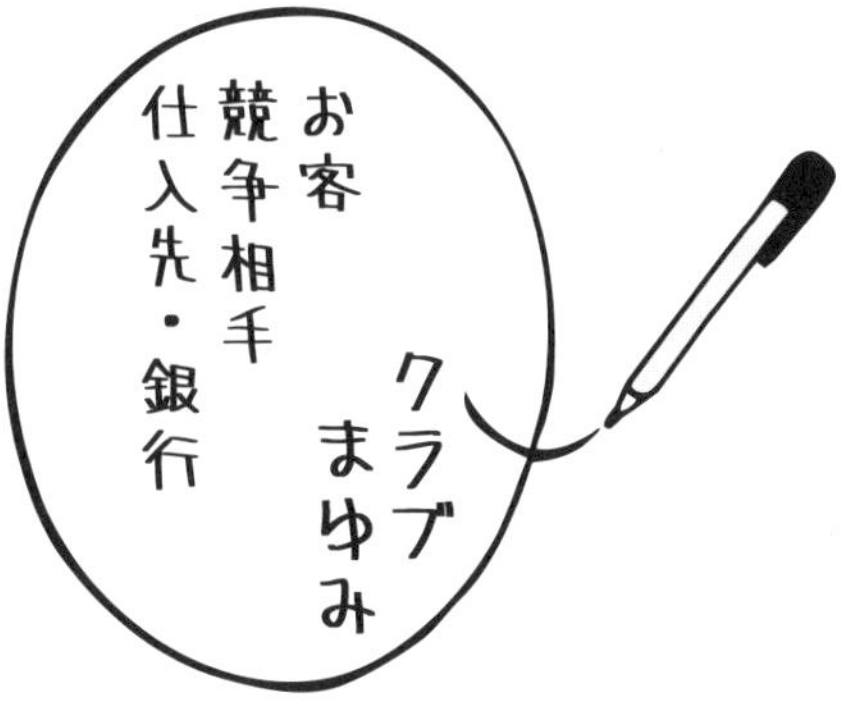

答できずにいると、松田先生は話し出す。

「いいですか。経営の目的は、利益発生源のお客を創り出すことにある。ここで忘れてならないのは、お店に来るかどうかの決定権は、お客が100パーセント持っているということ。売る側には1パーセントもない。ですから経営について考えるときは、お客を出発点にした、お客起点の発想にすべきということです」

ここで忘れてならないのは、と言われても、初めて聞いた話だから、忘れるも忘れないもない。何を言ってるのか、さっぱりわからない……。

彩歌は困惑した。松田先生の話は続いている。

2枚目の紙ナプキンには、円を描くように4つの言葉を書いた。

「麻由美」の字を忘れたのか、ひらがなで書いたが、本人は何も気にしていないようだ。意味が通じればいいと思っているのだろう。

「粗利益は、お客のお金と商品を交換したときに生まれる。このとき、ピカッと光ったり、ポンと音が出たりすればいいんだけど、光らないし、音も鳴らない」

困った。早く朋子さんが来てくれないかな……。忍田さんが来ても、きっと一緒に聞いてくれなさそうだから、朋子さんしかいない……。

「ここのママは熱心にしとるけど、あなたがたは、営業しとるんかい？　待ってたって、お客は増えんよ。営業せんと、どうにもならん」

えっ、営業？　営業に出る？　いま、なんの話をしているんだろう。わたし、中洲No．1グランプリでいちばんになるためのアイデアを聞いたはずなんだけど……。

気づいたら、紙ナプキンが３枚になっている。

「ここも立派なお店だけど、中洲にはもっと広い店がありますねぇ。ここは従業員は何人？」

「えーと、10人くらいだと思います」

「あー、そうね。従業員が10人以下のお店は、規模が大きいとは言えんよ。面積がもっと広くて、従業員数も多い店はたくさんある。ここのママもお金持ちだけど、もっとお金持ちの経営者も大勢いる。こういう規模が小さなお店は、お客の脱落防止について、全力で取り組まないとならんね」

そう言って松田先生は、紙ナプキンを横にして書き出した。

①競争相手以上に、お客に不便をかけないようにする。
②競争相手以上に、お客から好かれるようにする。
③競争相手以上に、お客から気に入られるようにする。
④競争相手以上に、お客から忘れられないようにする。

「競争相手以上に」の部分は、①から④まですべて同じなのに、松田先生は4回とも几帳面に書いてくれた。同じ言葉を4回も目にして、彩歌はふと思った。

ウチのお店の競争相手って、どこなんだろう?

「どこか不便をかけているところはないか、見直しなさい。どうすれば好かれるか、気に入られるか、ここのママは知っているから聞きなさい。そして、忘れられないようにするには、どんな方法があるか……そう言えば、ここのママから何度もハガキをもらったことがあるな……。わたしと違って、きれいな字でね」

お客に忘れられないように、という話をしていて急に思い出したのだろう。松田先生は突然、違うことを言った。

「わたし、あなたから名刺をもらったかね？　いやいや、わたしも差し上げていなかったね。失礼したねぇー。あら、名刺は持っとらんの？　そりゃあ急がんとならんね。今は、きれいな名刺が安く、すぐにできる。早く注文したほうがいいね」

大失敗。毎日、思っていることだ。早く名刺をつくろう、帰ったらネットで注文しよう、明日こそつくろうと……。今日もまた忘れた。よりによって経営の先生に会っているというのに、名刺を持っていないなんて……。

「名刺の目的は、新しいお客を創るためがひとつ。もうひとつは、一度接客したお客から忘れられないようにするため。わたしの名刺を見てごらん……」

と話していると、朋子が入ってきた。

朋子さん、遅い……！　でも、助かった！

「あー先生、すみません。お忙しいのに」

「ここのお店には世話になってるからね」

「先生、それでどうなんでしょう？　来月、お客様の投票で、中洲で1位のお店が決まるんです。この彩歌ちゃんが『1位をとる！』と言うものですから、それで先生にお電話を差し上げたんです」

朋子の話を聞き、松田先生は彩歌の顔を見て言った。

「そうね！　あんたが『1位をとる』って言ったとね！　よかよか。それなら、お客と接触する〝接点の感度〟を高めなさい。接客もそう。店に来てくれたことのお礼もそう。その日のうちにお礼状を書きなさい。名刺もそう。電話の応対もね。とくに、あんたは新人さんだから、電話には気をつけて。電話は、ここにいるチーママさんのように〝古い人〟からとりなさい。古い人はお客の名前を知っとるからね。お客に不便をかけないから、古い人ほど電話に出るべきなんだけど、世の中の社長さんは、なぜ、新人さんばかり電話に出させるんだろうかねぇ」

古い人という表現を聞いて、彩歌は思わず笑いそうになった。しかし、笑いをこらえてよかった。古い人はお客の名前を知っている、という松田先生の説明を聞き、そうそう！と思ったからだ。

この仕事を始めてからずっと、店にやってくるお客の名前がわからず、彩歌は苦労している。ほかのスタッフが「山畑さん、いらっしゃいませ」などと、すぐ名前で呼んでいるのを見て、うらやましく思っていた。

お客の顔を見て、名前がわからないのでは話にならない。常連さんに「失礼ですけど、お名前は？」なんて尋ねるのは、本当に失礼なことよね。そんな失礼をするより、ベテランがお客様に呼びかけてお客様に喜んでもらったほうがいいと、彩歌は思った。

「ちょうどいい！」

何がちょうどいいのか、わからないが、松田先生が急に言い出した。

「あなたたちのすぐ近くに、うってつけの先生がおる。新川さん！　顧客接点のことなら、あの人はいろいろやっとる。どうやったらお客に好かれるか、新川さんに教えてもらうといい。新川さんは、最初、苦労しとってねぇ。だけど、わたしの話を聞いて、そのとおりやった。やっぱり人間は、あの人のように素直でないとねぇ」

新川さんならもう知っているけれど、彩歌は黙っていた。

「あら、もうこんな時間だ。それでは、わたし、帰りますね。おいくら？」

「松田先生にいただけません！　こんなふうに教えていただいて、ビール代まで払わせてしまったら、わたしたち、真由美ママから叱られます。お願いですから、今回はお店からごちそうさせてください」

「いやいやいや……」と、松田先生と朋子のあいだで、お金を払う、いやいただけないという押し問答が始まると彩歌は思った。ところが、松田先生はあっさりと、

「そうねぇ。悪いね。じゃあ、ありがたくごちそうになろうかね」

そう言って、店を出た。


「松田先生なりに気をつかってくれたわね」

朋子はそう言うが、どこが「気をつかった」なのか、さっぱりわからない。「え、どこがですか？」と聞いたところ、朋子はわかりやすく教えてくれた。

松田先生は経営コンサルタントだから、本来であれば授業料として、いくらかのお礼を渡さなければならないこと。

しかし松田先生は、これくらいのアドバイスなら「お金はいりませんよ」と、受け取らないつもりでいた。

お金を受け取らない上に、自分が飲んだビール代を払ってしまったら、お店が恐縮して

しまうだろう。だからせめてビールは、遠慮なくごちそうになる。そうすれば、お店の顔も立つ。

松田先生は、そう考えたのだと。

朋子が来る前に松田先生から教わったことを、かいつまんで朋子に伝えた。

「そうそう。不便をかけず、好かれるにはどうすればいいか。忘れられないためにはどうすればいいか、ね。それが、お客様の話を承認したり、ＬＩＮＥを送ったり、ハガキを書いたりすることなら、わたしたちで考えた『絶対３つ星　７か条』そのまんまじゃない？松田先生は７か条のことはご存知ないから、偶然、わたしたちが考えたことが合っていたということ？」

「あ、それと、『営業してますか』って聞かれました。『営業せんとならんよ』って」

「あぁ、営業ね。たしかに、彩歌ちゃんも少し営業したほうがいいわね。チャンスよね。『ママ代理として、あいさつに参りました』って、お客様の会社を訪問する、いいきっかけだわ。うん、わかった。営業ね。それだけ？　松田先生が言ってたのは」

「それと、朋子さんが来てから言ってた、接点？　電話とか、名刺とか、新川社長に教えてもらいなさいって」

「ああ、そうだったわね。それ、あれよ！　5カウントの法則よ」

「あ、それも7か条にありましたよね！」

「そうそう。ちょっとすごいんじゃない？　わたしたち。松田先生がおっしゃったこと、ぜんぶ、わたしたちが、自分の力で考えたことと同じなんだもん。あとは、やるか、やらないかよね！」

「はい。やるしかありません。今日、松田先生に会えてよかったです。すごいですね、松田先生って。勉強にもなったし、なんかすごいパワーをいただきました」

その夜は、松田先生が運気を引き寄せてくれたのかもしれない。ほどほどにお客が来店し、その日1日だけを見れば、損益分岐点をわずかながら上回った。

明日は新川社長に『5カウントの法則』を習う。大学の勉強でも、こんなに楽しみにしたことがないというほど、仕事での学びが楽しく、おもしろく感じてきた彩歌であった。

Story 13

『5カウントの法則』

約束の16時まで、まだ3分ある。遅れずに着いてよかった。ほんと、中洲から近いんだ……新川社長の会社。

今日は土曜日で、博多一不動産はお休みなんだろう。それなのに新川社長は、わざわざ会社へ出てきてくれたんだろうか。

応接室のような部屋へ通されるかと思ったら、「こちらでお待ちください」と案内されたのは、かなり広めの部屋だった。会議室？　ホワイトボードもある。大学の教室と比べると狭いが、雰囲気は〝授業〟。だったら、いちばん前で受けよう。

壁沿いに、いろんなチラシやパンフレットが置いてある。なんだろうと見てみると、後援会のお知らせ。「お店の商売繁盛を確かなものにする講演会」と書いてある。

えっ……中洲にあるお店のママさんがしゃべるの？　えぇー、博多一不動産が主催・お申し込み先だって。不動産屋さんって、なんでもやるんだなぁ。

そこに、新川社長が入ってきた。

「講演会、興味あります？　勉強になると思いますよ。真由美ママも毎回、聞きにきてくれてるんですよ。いや、あんまり誘わないほうがいいか(笑)。昼間だから、学校もあるしね。それより、今日は5カウントの法則だったね」

ホワイトボードに何かを書くのかと思ったら、新川社長も腰掛けて、話し出した。

「彩歌ちゃんは、初めて会った人と、すぐ親しくなれるかい？　なかなかむずかしいよね。学校に入学したとき、最初は知らない人ばかりで空気がよそよそしいし、なんとなく溶け込めないよね。でも、2日目、3日目と顔を合わせたり、言葉を交わすうちに、まわりの人たちのことがわかってきて、打ち解けていくという感じだよね？　会う回数が増えていけば、親近感が湧いてくるという経験をしたことがあると思うんだ」

「はい、そうですね」

「そうだよね。これを心理学では『反復性の法則』と言って、接点が増えるほど人との距離は近くなっていくと言われているんだよ。

『5カウントの法則』は、これをビジネスに応用したものなんだ。お客へのアクセスや行

動を点数化し、その行動をどのタイミングでおこなえば、どれだけの効果があるかという
ことをまとめたものだよ。と言っても、ちょっとむずかしいよね(笑)。
さっきの、同じクラスになった友だちと、だんだん親しくなっていくという話だけど、
仲良くなりたい友だちがいたら、隣の席に座って話しかけたり、学食では同じテーブルで
食べたり、一緒に下校したりするよね。アドレスを交換しあったら、何度もメールをやり
とりして、お互いに理解が深まり、いい関係になっていく。ビジネスの世界でも同じなん
ですよ。お客と親しくなりたいと思ったら、自分から意識して働きかける必要があります。
友だちと同じように、お客に会ったあとメールしたり、ＬＩＮＥを送ったり、電話をし
たりすると、親密度が上がっていきます。
これには独特の数え方があってね、平均して5つカウントすると成果が出ることがわ
かっているんだよ。ここまでいいかな？」
学校へ入り、それまで知らない友だちと親しくなっていく話を例にしてくれたので、彩
歌なりによくわかった。
すると、新川社長が立ち上がり、ホワイトボードに次のように書いた。

【接点の点数化】

直接会う………………………………1カウント

電話………………………………0・5カウント

FAX………………………………0・5カウント

ハガキ、手紙……………………0・5カウント

メッセージ（LINE、メール）……0・5カウント

「直接会うのがいちばんです。初めてのお客だって、お店で話してさえいれば、うなずいたり、リフレインしたりして、会話がはずみますからね。でも、当然だけど、お客は帰るし、毎日来店するわけではない。こちらからお客の会社へ出向くこともむずかしい。だから、メッセージの活用が大切となるわけです。メッセージというのは、おもにLINEですね。携帯番号を交換すればやりとり可能ですから。でも、お客のなかにはLINEをやらない人もいますから、そういう場合はショートメールがいいだろうね」

彩歌は、ホワイトボードに書かれた接点ごとの点数をノートに書き写した。今日は、仕事用のノートを新しく用意してきたのだ。

「ではここからは、どうやってカウントしていくか、彩歌ちゃんが5カウントの法則にもとづいて仕事をしている、と仮定して話しますね。わからないことがあったら、遠慮なく言ってください」

新川社長はそう言って、再び話し出した。それこそ身振り手振り、ホワイトボードにもあれこれ書きながら。

以下は、彩歌が実際にノートに書いた内容である。新川社長が話したことをすべて書き取るのは困難だ。箇条書きのように急いでメモしたものを、そのまま載せる。

〈来店当日〉

お客様が来店。1・0

来店初回は、お互いに人間関係ができていない。

プロとして接客技術を磨くのは当然。↑承認のツールを使う！

←　帰る

お客様をビルの出口までお連れして見送る。見えなくなるまで。

→　あたりまえ。どのお店もやっている。これだけでは差別化はムリ。

※差別化!!!

差別化できるお店は、お客様が帰った直後、携帯にメッセージを送る! 0.5ここから、また来店してもらうためのスタート! アプローチの開始。

※直後が大事!

←

わたしが見えなくなったら、お客様は「なにか連絡入っていないか?」とスマホを見る。必ず。

いま、別れたばかりのわたしからメッセージが入っている! どう感じる? 悪い気はしない!

わたしの顔を思い浮かべ、うれしそうに会話を思い出してくれるはず。

そういう他店にはない気配りが、一緒に過ごした時間の余韻とともに、お客様の心に刻まれる。

気持ちがあたたまっているうちが大事。←鉄は熱いうちに打て!

※すぐスマホを見なかったら? ←大丈夫!

タクシーに乗ったとき。車内で。降りたあと。家の玄関前で。見てくれる！
チャンスはある。あきらめない。メッセージを送っておく。
※タクシーに乗ったころメッセージ。　0・5
※返信があったら、それも0・5。

☆初日のカウント数
来店、1カウント
お帰り直後にメッセージ、0・5カウント
タクシー乗車時にメッセージ、0・5カウント
どちらかに返信があれば、0・5カウント
合計2・5カウント（可能）

「初来店だからこそ、その日のうちに2カウントを達成しておきたい。来店1カウントに、帰り直後の0・5とタクシーの0・5カウント。早く5カウントに達するのがいいんだけど、1日で5カウントは達成できませんからね。ここまでいいかな？　おおっ、しっかり

ノートに書いてるねぇ。あ、そうか。現役の女子大生だもんね。

それでは、初めて来店してくれた次の日以降のやり方です。せっかくお客にいただいたご縁を、1日だけで終わらせてしまっては、なんにもならない。それはわかるよね。そこで、初来店の翌日にお礼メッセージを送るんです。ここから親密度の数値がどんどん上がっていきますからね」

と、新川社長の講義は続く。以下、彩歌がノートにメモした内容。


〈初回来店日以降〉

次の日、来店お礼メッセージを送る。ポイントは2つ。

♪ポイント1
10時〜11時。午前中に送信しておくこと。

仕事の忙しい時間帯にじゃまになる？　↑心配無用！

お客様は仕事が忙しいときはメッセージを見ない・見られない。ひと息つくときに見る。

ランチ、休憩時間に読んでもらえれば効果絶大。↑返信しやすい！　やりとりしやすい。

だから、少なくとも午前中に送っておく！

♪ポイント2
お客様が返信しやすい内容にする。

簡単に答えられる内容。あるいは2択。

(例)「今週、出張に行かれるとお聞きしましたが、いつ行かれるのでしょうか？」

↓返信があれば、こちらからも返す。その繰り返しでお客様との親密度は間違いなく上がる！

☆翌日のカウント数
彩歌からメッセージ、0・5カウント
お客様から返信、0・5カウント
彩歌からメッセージ(返信への返信)、0・5カウント

お客様から返信、0・5カウント
彩歌からメッセージ、0・5カウント
合計2・5カウント（可能）

「メッセージのやりとりさえできれば、2・5カウントは達成可能です。つまり、来店してから翌日のお昼までに5カウントが達成できるということです。5カウントが達成できれば、また来店してくれる可能性はグンと高くなります。メッセージのやりとりをこれだけすれば、お客の心に、彩歌ちゃんとの楽しかった時間が、しっかり刻まれるからね。だから再来店へのいちばんの近道は、1日も早く5カウントを達成させることなのです」

新川社長の説明を聞き、彩歌は、そこまでやれば、本当にまた来店してくれそうな気がした。

「あとはお店で待っていればいいんですね」

「そうなんですが、そのあともメッセージは送り続けるに越したことはありません。親密さが深くなれば、たった1回しか店に行っていないのに、クラブ麻由美は〝自分の店〟と認知してもらえるかもしれない。そこには、人を連れて行きたくなるのが人情です。次は、自分の仲間とともに来店してくれるチャンスが広がりますよね」

新川社長の話を聞いていると、まだ女子大生の自分にもできそうな気がしてくる。

実際はそう簡単に進まないのかもしれないが、できそうな気がし始めて、ふと、小さな疑問が湧いた。

「わたしにもできそうな気がするのですが、ということは、ほかのお店でも5カウントをやっているのでしょうか？」

「いい質問だな(笑)。まずね、5カウントの法則は、誰にでも理解できるし、どの店でも実行可能です。それに、やっているかどうかはともかく、けっこう多くの人がこの法則を知っているはずです。こう見えて、僕はこういう経営の本を何冊か出しているし、講演もまあまあやっていますからね。驚いた？　そうですよね(笑)。不動産屋の社長が、なぜ経営の本を出すのかってね。ま、それはあとで差し上げるから、読んでもらうこととして、5カウントの法則を知っていても、なんとなくやっている人が多いと思いますね。今回、彩歌ちゃんが勉強してくれたように、お客へのアプローチをいつ、どのように、どれくらいしたらいいかを理解しておこなうのと、なんとなくやっているのとでは大きな違いが出るのは当然です。『これでいいんだ！』と自信を持ってメッセージを送ることができるかどうかも大きいよ。よく理解したホステスからのメッセージは、受け取る側の印象も違うしね。結局、再度来店してくれるかどうかという成果が大きく違ってくる。あと、やり方や効果がわかっていても、やり続けられない店が多いなぁ。継続できることも、差別化ですよ」

彩歌はノートに「継続＝差別化」と書き添えた。

「わたし、新川社長に教えていただいた中洲Ｎｏ．１グランプリで、なんとしても３つ星をとりたいんです。あ、また〝とりたい〟って言ってしまいました。すみません。あ、ただ、３つ星をとるのが目的というより、お客様の数を増やしたいんです。今月もですが、来月、たくさんのお客様に来ていただかないと、お店がつぶれちゃうんです。だから、既存客の方々にも、何回もリピートしていただきたいし、新規のお客様も増やしたいし、新規のお客様には来月中に再来店してもらって、すぐそのあと、何人かでまた来ていただきたいんです。だから、ちゃんと理解して、継続します！」

真剣な思いは伝わる。だが、一歩間違えれば、悲壮感が漂っているとも言える。

あまり思いつめないようにさせないといけないなぁ……。

彩歌が話すのを聞きながら、新川社長は冷静に見ていた。

それにしても、母、真由美のＤＮＡが成せるわざとでもいうべきか、彩歌は素直でのみこみが早く、教わったとおりに実行継続しそうである。

むしろ、もう少し詰め込んで、ルール化、仕組み化させて、彩歌ちゃんから店のスタッフに実行させたほうがよさそうだな……。

「繁盛店になりたい、ということですね。十分、なれますよ。いま現在、どんな繁盛店も、オープン当初はそうではなかったんだからね。ただし、一度お越しくださったご縁を大事にする努力を欠かさない、という条件つきです。お客に、お店と担当ホステスの存在を確実に認知してもらうことがホステスの大切な業務と心得て継続すれば、繁盛店になれます。じゃあ、再来店していただくためのメッセージに関して、もう少しだけ勉強してください」

彩歌はペンを握り直し、次のようにノートをとった。

〈月曜日にメッセージ〉

月曜日の午前中にメッセージを送る。10時～11時が最適。

もちろんお客様は忙しい。すぐには見ない。

ひと息つく瞬間をねらう。

お客様も、週初めは「さあ、今週も仕事をがんばるぞ」と気持ちが上がっているときだから。

↑タイミングgood！

タイミングがよければ、来店を目標にしてがんばろうと、予定を入れていただきやすい。

お客様を気づかう内容で。できるだけパーソナルで。

相手を思いやる内容で。

↑相手に関したこと！

↓読んだとき、「うれしい」「ありがとう」と感じる内容を頭に描いて書く。

（例）「今週もお仕事がんばってください。12日から出張だとお聞きしましたが、お気をつけて。寒い日が続きます。ご自愛ください」
※相手のことを書く＝自分のこと、お店のことを書かない。
←
「お店に来てください」と書かない。書いてはいけない。
こちらの都合のメッセージだと、ひと目見て「営業メッセージか」と思われるだけ。

お客様の心にひびかない。「なんだ、おねだりか」と気持ちがさめてしまうだけ。
※自分の身になって考える！
美容院や化粧品、お洋服のお店から「買いに来てください」と電話やメッセージが届いたときのことを想像したらわかる＋　自分がそれをしてはいけない。
そんなメッセージを送っても、うれしいと思ってもらえないから、返信はこないかも。

「新川社長、ありがとうございます。今のお話、わかりやすかったです。わたしも月曜日に、もし応援してもらえるようなメッセージをいただいたら、いい1週間の始まりだと感じると思うんです」

彩歌に「わかりやすい」と言ってもらえて、新川社長もホッとした。これまで100回も200回も、いや、もっと話していることだが、今回のような〝20歳の新米ホステス〟に理解してもらうためには、気も頭もつかうからだ。

変な型にはまっているわけではなく、誰かの影響を受けているわけでもないから、素直に聞いてくれるというメリットはある。

しかし、いかんせん、社会経験が浅い人間に、〝人の縁〟だとか〝お客の心理〟などを説いても、ピンとこないことが多い。

ましてや彩歌の場合、20歳の女子大生にして、ママ代理を務めなければならないときている。真由美ママが復帰すれば、堅実にお客づくりをするだろうから、つぶれることはないだろう。だが、彩歌が危惧するように、お客が増えなければ、相当苦しい経営を余儀なくされることも想像できる。

中洲No．1グランプリは、いい機会だ。星獲得に向けて、クラブ麻由美も顧客起点の経営を見直し、磨き、お客づくりに励むといい。

しょせん1カ月間のイベントにすぎない。星をひとつもとれなくても、なんら気にすることはない。一生懸命、接点活動のレベルを向上させよう。

新川社長が話す番だ。

「わかりやすいと言ってもらえて安心しました。それなら、今日学んだことを彩歌ちゃんなりに、まとめてごらん。5カウントの法則のマニュアルをつくるんだよ。今日はもう、お店の始まる時間だから、明日の日曜日にマニュアルをつくり、月曜日に、スタッフ全員にレクチャーしてあげるといい。それじゃあ、今日はこれで終わり！」

「ありがとうございます！」

お店に出た彩歌は、その日、出勤したスタッフに「月曜日は17時までに出勤してほしい」と依頼した。その日、休みのスタッフにはＬＩＮＥで連絡した。全員が〝既読〟になった。

５カウントの法則について、ほかのスタッフは全員、聞いたことがあるはず。今日、教わったとはいえ、彩歌がもっとも初心者であることは間違いないだろう。

今夜からさっそくチャレンジしてみよう……。お見送りのあと、すぐ、メッセージね。


その夜、最初のお客をビルの外まで見送り、いまだわ！　メッセージ！　と思ったが、いま見送ったお客の名刺を店の中に忘れてきたことに気がついた。

携帯だけ手にしていても、目的ははたせない。あわてて店に戻る、天然系のママ代理である。


翌、日曜日は、終日マニュアルをつくっていた。学校の試験間近のときと同じくらい、集中してパソコンに向かった。

手が疲れると、ソファに横になって母親へＬＩＮＥメッセージを送った。

お母さん、元気？　具合はどう？

ちゃんとご飯は食べてる？
あれ、もしかしてご飯は食べれないのかな。そうだったら、ごめん。
彩歌は元気。大学もちゃんと行ってる。
今日はお出かけせず、ずっと家で勉強。けっこうまじめ。
早く良くなってね。退院待ってまーす！

少ししたら真由美から返信が届いた。

メッセージありがとう。お母さんは元気。
彩歌ちゃんはどうなの？　ご飯ちゃんと食べてる？（笑）
お母さんは病院の食事に飽きて、こっそり違うものを食べてるわ。
毎日、寝たいだけ寝れて天国よ（笑）
彩歌ちゃんも寝不足しないようにね。

母親と、こんなやりとりをしたのは初めてかもしれない。送ると、すぐ返信が来る。相手のことを思いやると、自分のことを思ってくれる返信が届く。いいものだな……と彩歌は思った。

携帯を使ったメッセージのやりとりは便利だ。電話だと、こうはいかない。LINEがあってよかった……と真由美は思った。


舌ガンの手術を終えた患者には、1週間ほど経てば、お粥程度の食事が可能になる人もいる。一方、2週間経っても口からの食事ができない人もいる。舌の切除具合、言い換えるとガンの進行具合により、回復の進捗が異なるのだ。

真由美は術後の経過が思わしくなく、まだ〝ミキサー食〟と言われる段階にすら至っていない。管を通して栄養を摂取するという、〝食事に飽きる〟とは程遠い状態である。入院して約2週間。すでに体重は5キロほど減った。

しかし、親として子供に心配をかけたくない。何のアルバイトもせず、昼間、大学へ行くだけなら、彩歌は毎晩のようにメッセージを送って寄越し、電話をかけてくるだろう。あえて夜の仕事をさせることで、母親のことを考えている時間がない、という状態をつくりたかった。その点だけは、思いどおりにいっているな……と思う真由美であった。

Story 14

決戦1週間前～決戦前夜

「みなさん、何度も集まっていただきすみません。早い時間に出勤してくださって、ありがとうございます」

美佳は同伴のため欠席。美佳以外は全員集まった。忍田には呼びかけていない。

「そうですよ。ここはブラック企業だって、訴えますよ」

彩歌のあいさつを聞くやいなや、結子がみんなを笑わせた。だが、ブラック企業と言われてもしかたない。店の開店は20時なのに、何度も早い時間に招集し、ミーティングを重ねている。こんな店は、おそらくほかに存在しない。

「今日、集まっていただいたのは、5カウントの法則について、念のため勉強というか復習をするためです。じつを言うと、わたしは土曜日に初めて5カウントの法則について勉強してきました。みなさんは前に勉強してご存知なので、必要ないかと思いましたが、3つ星をとるために、念のため復習をしていただければと思い、簡単ですがマニュアルをつくってきました」

彩歌が言い終わると、有希が口を開いた。

「わたしは、5カウントの法則はなんにもわからないですけど……」

昼間の仕事を無理矢理早く切り上げ、急いで店へやってきたからだろうか。なんとなく機嫌が悪い言い方だ。

「そうなんですか。ごめんなさい。前のミーティングのとき、みなさん、5カウントの法則はだいたい覚えているって……」

彩歌が言うと、

「5カウントの法則を教えてもらったことは覚えているけど、中身は覚えていません」

有希の言い分に、みんなが笑った。

「そういうことなのね。じゃあ、ちょうどいいじゃない。わたしたちも似たようなものよ。いまから勉強しましょう。これ、知っておいたほうがいいわ」

朋子が救ってくれた。

彩歌がつくったマニュアルのプリントが配られた。

「この法則は……」

ノートのメモをもとにつくったマニュアルだけあって、わかりやすくまとめられていた。

新川社長から教わったことを、ひととおり解説した。

「わからないところや、質問などありませんか？」

みんなの反応を待つ。

10秒くらいだろうか。沈黙の時間が流れたあと、麻里が口を開いた。

「わたし、リンゴ建設の土井社長とＬＩＮＥしてたら、３日後に来てくれたんだけど、これって５カウントの法則でいいんですか？」

「どんなことを、どれだけやって、何カウントになったんですか？」

彩歌が聞く。

「だからＬＩＮＥを何回もやったんです。何カウントか、わからないけど……」

そう言って、自分のスマホの画面を見せてくれた。全員の頭が集まり、ぶつかりそうになる。麻里がＬＩＮＥの画面を見せながら説明する。

1　最初の日にわたしからLINEして、
2　土井社長から返信があって、
3　またわたしから送って、

4　返信があって、
5　また送ってる（笑）
6　次の日もわたしから送って（笑）
7　そしたら土井社長から返信があって、
8　うれしかったんで返信して、
9　返事が来ないからわたしからまたLINEして、
10　土井社長から届いて、
11　なんと土井社長からまた来て、
12　わたしが返信して、
13　LINEが返ってきて……

「そしたらお店に来てくれたの。最初にLINEしてから3日後よ。これ、5カウントの法則？」と麻里が尋ねる。

「何カウントだったか数えればわかるじゃない……。5カウントは完全に超えてるから、5カウントの法則でいいんじゃない？」と朋子。

彩歌が言った。

「6・5カウントです。麻里さん、すごいです！」

「自分がLINEした分だけじゃなくて、お客様の返信も0・5って数えていいのね？ それだったら、自分とお客様と5回ずつやりとりして、合計で10回になれば、5カウントってこと？」と麻里。

「だからそうだって言ってるじゃない」と朋子。みんなが笑う。

「じゃぁ、西南ガスの紀藤部長もそうかなぁ。ちょっと待って。けっこうLINEしてるの……。やっぱり！　6カウントくらいで来店してるもん。もしかして、わたしってすごいんじゃやない？」

「だから麻里ちゃんはすごいって、彩歌ちゃんが言ってるじゃやない」

「じゃあ、わたし、承認リーダーだけじゃなくって、5カウントリーダーにもなれるんじゃない？」

おそらく、クラブ麻由美のスタッフは、自然と、ふだんからお客との関係性を深める作業をおこなっているのだろう。

ただ、無意識におこなっているとすれば、〝偶然〟成果が出ているだけのことかもしれない。今後は意識的におこなえば、〝必然〟的に成果を得られるに違いない。

そこで「あのー、いいですか」と亜紀が話し出した。

「彩歌ちゃんがつくってくれたマニュアルにも書いてありますが、新川さんの5カウントの法則は、LINEだけじゃなくて、会うのが1で、電話とかハガキとかLINEとか、会うこと以外はすべて0・5ってありますよね。ですから、LINEもいいけど、LINEが苦手な人は、わたしなんかそうなんですけど、ハガキを書いてもいいと思います。ただ、LINEや電話は速いんですが、ハガキや手紙はどうしても時間がかかるので、次の日や3日後に来店というのは、ちょっと厳しいと思います」

LINEを送り、ハガキも書いて出しておく。手間はかかるが、できることはすべてやっておこう。お客が少なく、手持ち無沙汰の時間があれば、5分でも10分でもいい。LINEメッセージを書いたり、ハガキを書いたりしようと申し合わせた。

5カウントの法則についてみんなで学んだあと、少し時間があるからということで、ハガキ講座を開くことにした。講師は結子だ。

「今月、来月とハガキを書く枚数が増えると思うので、チーママに了解をもらって、ポストカードを少し多めに注文しました。明日、届くと思います。今、5カウントの話がありましたが、ハガキは、同じ0・5でも、実際には1カウントと同じくらいの効果があると思います」

すかさず乃愛が質問をする。質問というよりは、素朴な疑問という程度だが。

「どうしてなんですか？　だったら、LINEをしているより、ハガキを書いたほうが早く5カウントになるってことですよね」

ケンカを売っているわけではない。乃愛は、自分があまり出していないこともあって、ハガキの威力を知らないのだ。

「お客様によるんですけど、ハガキを送ると、すっごい喜んでくれるんですよ。『年賀状以外で手書きのハガキをもらったのは久しぶりだ』とか『いまどき、すぐハガキでお礼を言ってくる娘は珍しいなぁ』って、なんか、うれしいんだと思うんですよね。で、わたしの場合、最近顔を見ていないなぁーって思うお客様にハガキを出すと、ほぼほぼお店に来てくれるんです。だから、5カウントの〝会う〟まではいかないのかもしれないけど、会うことにかなり近い気がするので、1カウントと同じくらいいって思ったんです」

朋子や淳子は、うんうんとうなずいている。ハガキを数多く出す人は、手書きのハガキは、〝自分の分身〟という感覚を持っているのだ。

「結子さんがそう言うんだったら、わたしも少しはハガキを書いてみようかな」

乃愛も一気に成長したようだ。

亜紀が手をあげた。

「さきほども言いましたが、ＬＩＮＥもハガキも両方やるほうが相乗効果が出ると思います。ただ、ＬＩＮＥが得意な人はＬＩＮＥを数多く書いて、ハガキが得意な人はＬＩＮＥを２回か３回書くうちの１回をハガキの時間にあてればいいんじゃないかと思います」

あらためて結子が、ハガキを書く上での注意点を述べた。

彩歌はメモをとった。

・初来店のお客様には基本的に翌日出す。
（理想は、その日のうちに書いてポストへ）
・常連客もナカワン期間中、２回は出す。
（中間発表の状況によってメッセージは変わる可能性あり）
・手書き（自筆）にする。

（パソコンでつくってプリントするより早い）
・お客様の記念日に合わせて出す。
（会社の創立記念日がわかっていれば最高！）
・お土産など何かいただいたらすぐ出す。
・「そのつどハガキ」と「定期ハガキ」を区分して考える。

「例文は、わたしが書いて控え室の壁に貼っておきますから見てください。投票期間は1カ月です。1カ月しかありません。そのうち出そうと思っているうちに、あっという間に投票が終わってしまいます。めんどうだなぁと思うでしょうけど、ハガキを書いてから帰るようにしたほうがいいと思います」

結子さんって、説得力あるなぁ……。ハガキに関しては、結子さんがいるかぎり心配なさそう。よかった。

わたし、ハガキのことはぜんぜんわからなかったから。こんなことになるんだったら、お母さんが書いているハガキをもっとよく見ておくんだった……。ま、いいか。わからないことがあったら、結子さんに聞こうっと。

彩歌が招集したミーティングは、２時間半後に終わった。

その夜、来店した１組目のお客が、席につくなり話題に出した。

「ねえねえ、知ってる？　中洲ナンバーワングランプリってのをやるの。僕も人に聞いたんだけどさ、ここは参加するの？」

「もちろん参加しますよぉ！　だってグランプリに選ばれるんだもんねー、彩歌ちゃん！」

と有希がおどける。

「でも、これには『お客様の投票により』って書いてあるよ」と、お客が携帯を見ながら話す。

「お客さんの投票で決まるってことは、大きい店っていうか、もっとお客さんの数が多い店が有利なんじゃないの？　デカいところ……」と、他店の名前を２、３あげた。

たしかに……。お客の話を聞いていて、うちは不利ではないかと彩歌は不安になった。

「えー、じゃあ、なに、ウチはグランプリとれないってわけ？」と、有希がお客に食ってかかる。もちろん、ふざけてだ。

「お店の大きさではかなわないけど、オッパイの大きさだったら、ウチの乃愛ちゃんに勝てる人はいないと思うんだけどな……」と、有希が笑わせる。

「そうだな。オッパイ選手権だったら、乃愛ちゃんが優勝だろうな。でも、要はお客さんの満足度だからね。デカい店でも、ホステスの数が少なけりゃ、お客さんは不満だろうし、お客さんが多いってことは、それだけ好みの娘《こ》の指名がむずかしいってこともあるからな」

「それ、なに、ウチはホステスが余ってて、いつでも誰でも指名が可能なくらい、ヒマそうにしてるってことを言いたいわけですか！」と、引き続き有希がおどける。

「わかった？　ウソウソ(笑)。でもさ、ここよりキャパが大きい店に20人のお客が来て、すごく満足して、でもその店に投票したのは10人ってこともあるさ。で、ここは10人しかお客が来なかったとしようか。でも、その10人全員が満足して、みんなここに投票したら、勝負は互角だからね」

なるほどね。ほかに大きなお店があったとしても、うちにだって勝ち目はあるってことね……。

お客の話を聞きながら、いま聞いたことをみんなにも話さなきゃ！　と彩歌は思った。

別の日だが、こんなお客もいた。

「ナカワングランプリ、もうすぐだけど、ここは誰がエントリーしてるの？」

彩歌たちに、そう聞いてきたのだ。

「誰がエントリーって？　誰もしてませんよ」

「したほうがいいよ。彩歌ちゃんならグランプリとれるんじゃない？」

と、アイドルグループの〝総選挙〟のようなものだろうと勘違いしているお客もいた。

そうかと思えば、〝勘違いしている店〟があることを教えてくれるお客もいた。

「どこって言わないけど、ナカワングランプリの期間中は、『〝濃厚サービス〟しますから、ぜひウチに投票してくださいね』って店もあるよ。ここは大丈夫？〝淡白〟だからさ(笑)」

と、他店の〝対策〟を情報提供してくれるのだ。


ナカワングランプリ直前の1週間で、中洲に来るお客の認知度はかなり高くなったようだ。ほかに新鮮なネタがないのか、あるテレビ局は夕方に放送される番組で、中洲から生中継をしていた。

「まもなく中洲ナンバーワングランプリが開催される、ここ、現場からのレポートを終わります」

と伝えたことで、各メディアが注目し始め、一気にムードが盛り上がってきたのだ。

明日からナカワングランプリの投票が始まるという夜、彩歌は母親にLINEでメッセージを送った。


お母さん、具合はどう？　ちゃんと食べてる？　って、それはお母さんのセリフか（笑）

わたしは元気。大学も行ってる。サボらず、遅刻せず、居眠りせず、お店の仕事と両立させているから安心してね。

このあいだ、明日から1カ月、本気で仕事しようって、お店のみなさんと相談したの。

お母さんがお店に戻ってきたときに、倒産していたらたいへんだって、みんなでマジメにお仕事をすることにしたの。

朋子さんが松田先生を呼んでくれたり、新川社長に教わったり、結子さんがハガキの先生をやってくれて、お客様を増やそう！　って。

だから安心して、早く退院して、家に帰ってきてください。

ナカワングランプリという、中洲全体で盛り上がりの気運を見せているイベントのことは、知らせないほうがいい。彩歌はそう考えていた。

店の仕事に打ち込みすぎて、学校の勉強がおろそかになっているのではと、母親が心配してはいけないと思うからだ。

貞行社長にお金を借りたことも、いまはまだ言わないほうがいいと思っている。もちろん、いずれ言わなければならないが、退院してからにしようと決めている。

ただ、明日から始まる中洲の夜の戦いに向けて、気持ちの高ぶりを誰かにぶつけたいのだ。彩歌にとって、その相手は母親しかいない。わがままを言える相手であり、もっとも甘えられる存在である。

逆もまた真なり、である。真由美にとっても、弱音をはけるのは娘だけ、のはずだが、真由美は言わない。彩歌に余計な心配をかけまいとしているのだ。

真由美からの返信には、こう書いてあった。

彩歌ちゃん、そうです。それはわたしのセリフです（笑）
お母さんは、３食とも食べて、寝ることしかやることがないので、間違いなくちゃんと食べています。

学校に行っていると知り、安心しました。

松田先生と新川さんには、お礼のハガキを出しておいてくださいね。

お店のほう、本気でマジメにやってくれるのはありがたいけど、お願いだからあんまりがんばりすぎないでね。お客様に、うちのお店を選んでもらおうとがんばるものではないからね。

これからの1カ月にかぎらず、いつだって、いつまでも、どのお客様にも、記憶に残る接客や、来店後の対応を心がけることが大切よ。

お母さんは、そう考えます。

あら、わたしもマジメね（笑）

早くお店に戻って、みんなの顔を見たいわ。

彩歌ちゃんも、明日は1時限目から授業でしょう。もう寝なさい。

わたしは、こっそり本を読むわ。昼間寝すぎて眠れないの（笑）

おやすみなさい。


真由美からの返信を読み、彩歌はドキッとした。松田先生と新川社長に礼状を書いていなかったからだ。お客に書くことは考えていたが、お客以外のお世話になった人にも礼状をとは考えていなかった。

しまった！　ポストカードはお店の控え室だ……。明日、お店へ行って書こう。これからは、お家でも書くことがあるかもしれない。何種類かのポストカードを、家に持ってきておいたほうがよさそうだわ……。

そしてもうひとつ、ドキッとする文面があった。いや、ふたつだ。

「うちのお店を選んでもらおうとがんばるものではない」

「いつだって、いつまでも、どのお客様にも、記憶に残る接客や、来店後の対応を心がけることが大切」

なんだか、ナカワングランプリのことを知っているみたいな内容だわ……。

でも、たしかにそう。うちのお店に投票してもらうことが目的ではないし、来月の１カ月だけがんばることじゃないのよね。

お母さん、まるでわたしたちのミーティングを見ていたみたい。書いてあることがリアル。こういうことって、通じるのかしら……。

いや、いつも思っていることを言っただけなのよね。基本が大事ってことね！

彩歌は翌日の服装を考え、学校から戻ったあと、店へ来ていく服も用意し、早めにベッドに入った。真由美が言うように、大学の授業に備えるためではない。明日の夜、決戦の火ぶたが切られるからだ。

長い1日になるかもしれない。寝不足は禁物。そう考え、目をつぶったが、なかなか寝付けない彩歌であった。

Story 15

『中洲 接待飲食店 名店NO.1グランプリ』開催

「『絶対3つ星　7か条』を忘れずに、お客様に、また行きたいと思っていただける接客をお願いいします。じゃあ、今日も最後までがんばりましょう！」「ハイ！」

6月1日　19時55分。

クラブ麻由美の店内に、彩歌の少し上ずった声が響いた。これからの1カ月間、開店5分前に彩歌が号令をかけ、その日出勤の全員で元気よく返事をすることにしたのだ。

「どうせだったら、7か条をみんなで唱和したほうがいい」とか「エイエイオー！と、かちどきの声をあげたほうがいい」という意見も出た。

建設的な、ありがたい意見だ。だが、同時に反対意見も出た。

「7か条の内容が大事であって、条文を唱えても意味はない」

「かちどきをスマホで検索すると、勝ったときにあげる声とある。まだ勝ってないから、言うのはおかしい」

もっともである。反対意見が出るのも、ものごとを安易に考えていない証拠だ。結局、彩歌が最初に言い出した内容に落ち着いた。

その代わり、彩歌が「がんばりましょう」と言い終えるまで、全員が手を出し合って手を合わせておき、「ハイ!」の瞬間、全員で手を上げることにした。いろんなスポーツで、チームが一丸となるために円陣を組むやり方と同じだ。


中洲の街は、お祭りのような装いである。1カ月間におよぶ戦いであり、通常の選挙のように候補者が名前を連呼する騒々しさはない。

しかし、中洲のあちこちに「のぼり旗」がはためき、ビルとビルとのあいだには「横断幕」が張られている。投票所となる仮設の建物の内外は明るく照明が灯され、キャンペーンガールがグランプリのリーフレットを配布している。

投票所のようすを見てきた亜紀が、少し心配そうな表情で言う。

「もう投票しているお客様がいました。本当にもうどこかのお店へ行ってきたのか、なんか怪しいんですけど、投票している人が何人もいました。呼び込みも、いつもより多いし、声が大きい感じでした」

「誰か、ウチに投票していた人はいなかったんすか?」と忍田が聞く。

「いるわけないじゃない。まだお客様一人も来ていないんだから」と朋子。

「オレ、行ってきますか？　知らんふりして、ウチに投票してきますよ」

「あのねぇ、忍田ちゃん、あなた7か条のこと忘れた？　うちは承認のツールや5カウント、ハガキなんかで正々堂々と戦うの！　ズルはしないの！　余計なことはしないで！」

「いや、オレ、3つ星とりたいんっすよ」

「ありがとうね。でもね、どう見ても、忍田ちゃん、黒服よ。実際、黒服着てるんだから。そんな格好で行ったたって、どこからどう見てもお客様に見えないってことくらい、わかるでしょ、考えてちょうだい！」

このやりとりに店内で笑いが起きた。だが、これから笑っていられない事態が起こることを、クラブ麻由美のスタッフたちは、まだ知るよしもない。

21時ころ、中洲名店協会の役員が店のドアを開けた。明るい色のハッピを着ている。背中には、「N・S・M・G」とプリントされている。

忍田が尋ねた。

「その、背中の、エヌ エス エム ジーって、なんすか？」

「ああ、これね、中洲　接待飲食店　名店ナンバーワン　グランプリの頭文字を取ったものだよ」と役員のおじさんが教えてくれた。

中洲・N…………………（NakasuのN）

接待飲食店・S…………（SettaiのS）

名店ナンバーワン・M…（MeitenのM）

グランプリ・G…………（Grand PrixのG）

役員は、お客に手渡すためのリーフレットを３００部、持ってきてくれたのだ。

「足りなくなったら、いつでも言ってくださいね。僕らが持ってきますから。それと、ホームページは見てくれたかな？　ホームページに書いてあるんですが、いくつかルールがありまして……」

役員が口頭で教えてくれた内容を箇条書きにすると、次のようになる。

・開催期間（投票期間）は今日6月1日から30日まで。
（正確には、7月1日の午前1時まで投票できる）
・投票時間は毎日午後6時から午前1時まで。

・投票所は臨時本部1カ所のみ（仮設の建物）。
・投票できるのは一般のお客さん限定。
・その日、実際に入店したお店が「いい店」だと思えば投票する。
（その日利用していないお店に投票してはいけない）

（中洲に勤め先がある接待飲食店のホステス、黒服は投票不可）
・自分のお店の営業が終わってから利用した他店に投票するのはかまわない。
・お客さんは同じ日に何店も投票してよい。
・ただし同じ日に同じ店を重複して投票できない。
（ひとつの店のパネルを同じ日に2度タッチした場合、最新鋭の指紋認証機が感知して無効となる）


腕組みをして聞いていた忍田が疑問を口にする。

「でも、これ、本当にいい店だと思わなくても、投票してと頼まれたお客さんが、義理で投票することもあるんじゃないすか。そういうの、どうやって見抜くんですか」

「それは見抜けないねぇ。お客さんのモラルにまかせるしかないんだよねぇ」

「それと、実際には行ってないのに、行ったことにして投票しようと思えばできるんすよね。それはどうやって見抜くんすか」

「それも見抜けないんだよねぇ。お客さんの良心にまかせるしかないんですよ」

「たとえばですけど、オレが仕事終わって、私服に着替えて、そのまま投票所へ行って、ウチのお店に投票してもバレないいんじゃないすか」

「そうだねぇ。黒服さんが私服に着替えたら、わからんだろうなあ。えーと、お名前はなんておっしゃいましたかね、え？　あ、シノダさん？　シノダさんはバレちゃうと思いますけどね」

「どうしてっすか？」

「だって、わたしがシノダさんの顔を覚えてしまったんですから」

「あ、そっか。頭いいっすね」

このやりとりも笑いが起きた。だが、この件もまた「あのとき笑っていたことが実際に起きるとは……」と後に口にし合うことを、このときは誰も予想しなかった。

彩歌たちは必死に仕事をした。控え室には、彩歌が書き直した7か条が貼られていた。

絶対3つ星　7か条

★1 承認のツールを使いまくる。

★2 常連客にLINEをする。

★3 お客様に電話をする。

★4 5カウントの法則を実践する。

★5 松田先生の教えに従う。
・お客様をつくることが仕事と考える。
・競争相手以上にお客様に好かれ、気に入られ、忘れられないようにする。
・接点の感度を高める。

★6 常連客にハガキを書く。

★7 同伴出勤やアフターを増やす。

さいわい、ナカワングランプリがスタートして以来、クラブ麻由美の客数は増えた。といっても、クラブ麻由美だけお客が増えたわけではない。接待飲食店に星をつけるという、初めての試みに興味を持った人が、大勢、中洲へ足を運んだのだ。

同じビルのほかの店の従業員に会うと、「忙しいね」「うちもおかげさまで満席！」などと、忙しさを喜ぶ会話が増えた。

しかし、最初の1週間が肝心だ。

主催者側にしてみれば、中洲へ一度足を運んで終わり……というお客をいかに減らすかが重要であり、課題だった。

ナカワングランプリの企画におもしろさを感じたお客は、とりあえず中洲へ来る。お店を1軒、2軒と回り、気に入った店があれば投票はしてくれるだろう。

しかし投票結果がわかるのは1カ月後だと知ると、拍子抜けしてしまう可能性がある。自分が投票した店は、2100店中、どれくらいのところに位置するのか、ランキングはどれくらいなのか、できればリアルタイムで知りたい。人は、自分の選択が正しいかどうかを知りたい動物だからだ。

自分が気に入った店が、自分以外の多数の人にも支持されていることがわかると、「自分はいい店を選んだ」と安心し、満足できる。

しかし、自分が投票した店が低いランクに位置しているとわかると、「あの店は失敗だったかな」と、自分の選択を疑うことになる。

そこで投票後、ちょうど1週間目にあたる最初の日曜日に中間発表をおこなうことにはしているものの、最初の中間発表で満足してしまい、足が遠のいては残念だ。あるいは、最初の中間発表で落胆し、足が遠のく人がいるかもしれない。

当然のことだが、1週目の中間発表に満足し、できれば2週目、3週目も足を運んでほしい。毎週発表される投票状況を見て、4週目はひいきの店がもっと上位に行くようにと、〝追い込み〟で来店してほしい。

店側にしても、やはり最初の1週間が肝心だ。

常連客はもちろんだが、新規のお客は、初めて入った店での満足度が高ければリピート来店してくれる。2度目に中洲へ来た際は、前回訪ねた〝安心できる〟店へ足を向けるだろう。

初めての店の印象がよければ、中洲全体の印象もよくなる。同僚や仕事先の人を連れて中洲へ来る機会が増え、そのつど、最初に入った〝自分の店〟へ案内することになる。

どんな常連客も、いちばん最初は新規客だ。その新規客が最初の1週間でどれくらい来てくれるかは、1カ月後の投票結果にも、その後の店存続にも大きく影響するのだ。未来の常連客も、この最初の1週間に生まれるということだ。

ベテランママは、その重要性を肌で感じているのだ。


クラブ麻由美も、「オープンして以来、1日でこんなに新規のお客様が来たのは初めてかも」と朋子が口にした日が、1週間に2度もあった。

「いいお店だね。この店に1票入れるよ」と言ってくれるお客がかなりいた。

常連客もふだんより来てくれた。

「投票数が少ないと、ママががっかりするからな」と、応援し、励ましてくれる常連客には、ありがたくて涙が出た。

楽しみに思う気持ちと、失敗は許されないといった緊張感を合わせ持ったまま、最初の1週間が過ぎた。ナカワングランプリに参加したすべての店と、来店したお客が楽しみにしていた最初の日曜日がやってきたのである。

本来は店休日であるにもかかわらず、店を開けて営業したところも多数あった。

投票の中間発表は中洲名店協会のホームページ上でおこなわれるから、中洲へ来る必要はない。しかし、自分が投票した店が上位であれば、店のママや女の子たちと一緒にお祝いをしたい。そんなお客がけっこういるのだ。

クラブ麻由美は、いつもどおり休みにした。日曜日はスタッフ全員、日頃の疲れをとってほしい。ママ代理として1カ月しか経っていないが、従業員をいたわる気持ちが芽生えてきた。それに彩歌自身、日曜日は休みたかった。

日曜日は洗濯をして、朝ご飯用の買い物をして、大学の予習もやらなければならない。語学の授業は、どうしても予習が必要だ。しばらくぶりに掃除機もかけ、クリーニング店へも行った。自分で夕食の用意をして、テレビを見ながら食事を済ませた。

まもなく18時。彩歌は自分の部屋で、パソコンを立ち上げた。

『中洲 接待飲食店 名店No．1グランプリ』の投票中間発表は、18時にアップされる。エントリーされた２１００店のなかで、投票が多い上位50店が発表されるのだ。

50店もの名前が発表されると聞くと多いように感じるかもしれないが、上位３パーセントにも満たない数である。

店名が50番目に書かれていたとしても、中洲ではトップクラスの人気がある店とみなされることになる。彩歌も緊張して18時を待った。

50位以内に入っているだろうか……。入っているわけないよね。

いやいや、どうしてそんなふうに決めつけるの？　だめだよ。みんなあんなにがんばってくれたんだから、50位以内に入っているわけがないなんて決めつけちゃ……。

だからといって、絶対入っているという自信も根拠も何もない。

これが上位10店しか発表されないんだったら、いさぎよくあきらめることができるんだけど……。

あら、わたし何を言ってるんだろう。3つ星をとるって宣言したんだから、50番以内に入っていなかったら、1番なんて夢のまた夢だわ。

マイナス思考に陥りがちな自分を戒め、なんとかして元気を出そうと自分を励ます。

18時になった。中洲名店協会のホームページを開く。

「中間発表！　トップ50店はここ！」というところをクリックすればいいのね……。

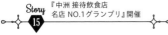

クリックした。

画面上は、上位15店くらいの名前が上から下へと並んでいる。

投票数1位の店名から見ていく。

クラブN、Club S、クラブR、倶楽部M、完全会員制クラブY、会員制J、メンバーズN、M、くらぶT、G……。

お客様の話に出てきたお店がいくつかある。やっぱり有名なお店が上位にくるのね。ここまでが10位か……。

クラブって言っても、英語のクラブもあれば、漢字のクラブもあるのね。会員制というのが最初につくお店もあるのか……。

彩歌が探しているのは、もちろん「クラブ麻由美」の文字である。15位までには入っていない。まさか、こんなトップクラスではないと思っているので、名前がなくてもがっかりしない。

スクロールして16位から30位までも見た。ない。

ゆっくりスクロールし、31位から40位までを見られる位置で止めた。

クラブ麻由美の店名をさがす。

ない。見落とし？　彩歌はもう一度、1位から見直した。

40位までのあいだにあったのかもしれない。似た名前が多いから、つい読み間違えたのかもしれない。

しかし、ない。意を決して41位から50位までを見ることにする。

入っているわけないって、さっき自分でも思ってたじゃない。それなのに、何をうぬぼれちゃってるの？　わたし……。

人はダメだったときの自分を正当化しようとする。言い訳を先に考える。そんな自分は嫌なはずなのに、彩歌は一生懸命、ダメだったときに備えようとしていた。

41位の店名から、ゆっくり、下に目をおろしていく……ない。

ここに名前が出たお店の人は、喜んでいるだろうな。うれしいだろうな……今頃、かんぱ～いって始まってるだろうなぁ。

上位50店をうらやむ自分が、ちょっとイヤだった。だが、やむを得ない。

明日、みんなにどう言えばいいのか、考えなければと思ったら、ＬＩＮＥの着信音。朋子からだ。

まだ始まって1週間。戦いはこれからよ。
でもちょっぴり残念（泣）
明日、本部に聞いてみる。うちは何位だったか。
明日からがんばろうね。
ゼッタイ3つ星とろうね！

朋子のメッセージを見て、涙が出てきた。

まったくダメになったわけではないから、悲しいわけではない。もちろん喜んでいる場合じゃないから、うれし涙のはずがない。

だったら、この涙はなんなのかしら……。

わからないけど、「朋子さん、ありがとう」という気持ちが自分のなかにあふれてきた。

彩歌は、朋子に感謝の返信を書いた。

朋子さん、ありがとうございます。
はい。まだ1週間ですよね。4分の1ですよね。これからですよね。
でも、わたしも残念です（笑）
本部は教えてくれるんですか？
知りたいような、知りたくないような（笑）
メッセージありがとうございます！

朋子から返信がきた。「ホームページをよく見て」と書いてある。
中洲名店協会のホームページに目を戻し、探した。たしかに小さく書いてある。
1位から50位までも含め、中間発表では投票数は公表しないこと。
自店の順位を知りたい方には教えること。
ただし、投票数は教えられないこと。
ほかの店の順位は教えられないこと。
順位は、投票所がある臨時本部ではなく、協会本部で教えること。

協会本部はグランプリ期間中、16時から17時30分まで対応すること。

彩歌は思った。

何位でもいい。何位だからもっとがんばるとか、何位だからあきらめるというわけではないんだから……。

ひとつだけはっきりしていることは、「クラブ麻由美はいいお店だ！」と感じてくれるお客様が、まだまだ少ないということだ。そして、ほかのお店のほうが、たくさんお客様が来店して、満足しているということだわ。

だから、もっと来店客が増えるように努力し、もっとお客様が満足して、お客様に忘れられないお店にしていくだけ。それしかないじゃん。

でも、何位かは知りたいかも……。

彩歌は母親にもＬＩＮＥメッセージを送ることにした。

ナカワングランプリのことは伝えていないが、「今月は本気でマジメに仕事をする」と1週間前に書いたからだ。

お母さん、もうご飯食べた？

食べたよね。病院の食事時間は早いからね。

本気でマジメに仕事をする今月も、1週間があっという間に過ぎました。

お店のみなさんが本気でマジメなので（笑）お客様も増えています。

木曜日なんか、新規のお客様がこんなに来たのは初めてかも、新記録かもって朋子さんが喜んでいました。

この調子で今週もがんばります。もちろん学校も。

退院日が決まったら教えてください。


真由美から、すぐ返信が届いた。

彩歌ちゃん、元気そうで安心したわ。
食事は5時半に済みました。5時半！　もう少しでおなかがすくと思います（笑）
新記録だって。ありがとう。ありがたいわ。
でもそのぶん忙しいでしょう。

勉強もそうだけど、仕事は思うようにいかないこともあります。がんばっているのに報われないときもあります。がっかりすることもあります。お母さんは、今までほとんどそうでした(笑)でもわかってくれるお客様はいます。お店の子たちもわかってくれます。

からだに気をつけてね。病人が言うのもなんだけど（笑）

さすが20年もお店をやっているだけのことはあるなぁ、と彩歌は思った。グランプリのことは知らないから、投票順位のことでがっかりしたことも、もちろん知らないはず。それなのに「がっかりすることもあります」とは、いまの自分にぴったりのメッセージだと思った。本物のママだから、ママ代理の苦労なんて、手に取るようにわかるのだろう。やっぱりお母さんはすごい。スーパーママだ。そのスーパーママをがっかりさせるわけにはいかない。なんとしても今週はがんばる。

彩歌はこの夜も、明日からの戦いに向けて早くベッドに入った。

Story 16

風評被害と営業妨害

月曜日、店に着いたら、すでに朋子が来ていた。投票順位を教えてもらうため、17時半までに協会本部へ行かなければならなかったから、店へ来たのは17時半過ぎとのことだった。

「知りたい？　うちの順位」

知りたいけど、知りたくない。知りたくないけど、知りたい……。

「あのね、52位だって。うち」

知りたいと答えていないのに、朋子は言った。

「えー、52位ですか！」

うれしい気はする。2100店中、52位って、かなりすごいことのような気がする。でも、残念な気もする。もう少しで50位以内だったのに……。

50番目までに入れば、うちに投票してくれたお客様もうれしいに違いない。自分の1票がクラブ麻由美をトップクラスに押し上げたという満足感を感じてもらえたはずだ。

「ちょっと、彩歌ちゃん、なに浮かない顔をしてるのよ。あなたがそんなんじゃ、お店全体が暗くなるでしょ。もっとプラス思考で明るくなりなさい。もう一度言うけど、52位よ。よく考えたらすごいことだと思わない？　52位ってことは……」

朋子の言い分を要約すると、次のようになる。

・52位は、2100店の上位2・4パーセントである。
・2・4パーセントということは、100人いたら3番目ということ。だから、とてもすごいということ。
・投票数は教えてくれないからわからないが、50位のお店と52位のうちと、ほとんど差がないのではないか（朋子の推察）。おそらく1、2票差である（朋子の推測）。
・他店には「1週目に来店してほしい」とお客に依頼しているところも多い。そういうお店は2週目は客足が鈍る。だから、うちがマイペースで増やし続ければ2週目で逆転できる（逆転の意味不明）。
・1週目の来店客名簿を見直したところ、まだ来ていない（投票していない）常連客がかなりいる。だから挽回のチャンスはある。

全部合っているようにも聞こえるし、根拠がわからず、そうとも言い切れないことが多いとも感じる。しかし、朋子の言うとおり、挽回のチャンスはある。彩歌もそう思った。

そのあと、出勤してきたスタッフにも、休みのスタッフにも52位だったことを伝えた。

反応はまちまちだった。

「もっと上位だと思った」「10位以内だと思ってた」「正直言うともっと下だと思っていた」「すごくうれしい」「がんばりましょう。チャンスはある」「あくまでも3つ星ねらいですよね」……。

彩歌は紙に書いて、控え室に貼った。最近、控え室は仕事のやり方に関係した張り紙が増えており、貼るスペースがほとんどなくなってきている。だから壁の上のほうに貼った。

こんな内容だ。

絶対3つ星！

1つ ★＝とくにいいお店。10店。
2つ ★★＝週1回は通いたいほどいいお店。5店。
3つ ★★★＝毎日でも通いたいほどいいお店。1店。

第2週目は本当にマジメに仕事をした。いや、まじめさは従来と変わらないが、迫力が違った。気迫がみなぎっていた。

メッセージを書き、送信するスピードが速くなった。カウンターの内側にハガキを用意しておき、手が空いたらカウンターで立ったままハガキを書いた。

常連客のほとんどが来店した。そして第2週が過ぎた。

彩歌たちは、「前の週より落ちることはない」という確信を持っていた。


投票が始まって2週間が経った日曜日の18時。

また彩歌は、自分の部屋でパソコンを開いた。

どうか50位以内に入っていますように……。

「中間発表！　トップ50店はここ！」をクリックした。

画面が変わった。

1位、2位、3位……。1位のお店は変わらない。すごい……。4位、5位……、あった！　間違いない？　間違いない……。クラブ麻由美と書いてある。

8位？　うちが8位？

何度も見る。間違いない。うちが8位だ。
ドキドキしてきた。念のため、この画面を写真に残しておこう……と思っていたら、朋子からメッセージが届いた。

やったね！
1つ星確定！
1つならいらないけど（笑）

彩歌は笑った。さっそく返事を書いた。
「はい。3つ星以外いりません！」と。
母親にもLINEを送った。日曜夜恒例のメッセージだ。
ところが折り返しの返信はなく、翌朝、届いた。

ごめんね。夕べは眠くて早く寝ちゃいました。張り切り過ぎ注意（笑）
とだけ書いてあった。

投票が始まって3週目は、めまぐるしく過ぎていった。

「オープンして以来、こんなに風評被害と営業妨害を受けたのは初めてかも」と、朋子が嘆くほどひどい1週間だった。

ある新規のお客が席について、妙なことを言った。

「あれぇ、ここはかわいい娘ばかりじゃない。もしかすると中洲グランプリの期間だけ、かわいい娘が臨時で働いているの？」

そのお客によると、「クラブ麻由美はブスばっかり。行くだけお金のムダ。悪いことは言わないから、やめといたほうがいい」と言われたのだと言う。

教えてくれたお客は、その店とクラブ麻由美の2店を取引先から紹介されたという。

「やめておいたほうがいいと言われても、取引先に紹介してもらったから、一応、行ってみないと……」と言ったところ、「行ったことにすればいいじゃない。行ったけど、大したことなかったと言えばいい」と〝アドバイス〟されたと言う。

紹介してくれた人の手前、その店の名前は教えてもらえなかった。それは理解できる。

教えてくれたお客も悪くない。悪いのは、その店だ。とんでもない営業妨害である。

美佳が怒って、そのお客に言っていた。

「うちのお店にはね、もっとすごいブスがいるの。今日はお休みなんだけど、明日も明後日も、もっとすごいブスが出勤してくるのよ。こんなブス、見たことないってくらいのブスよ。会ってみたいと思いません？」

別のお客は、会計後にこんなことを言った。

「なんだ。別に高くないね。俺また、一人5万くらいとられるのかと思った。これなら中洲の標準的な値段だね」

ビルの外まで送りがてら話を聞くと、「クラブ麻由美は値段が高め。ママが浪費家のため荒稼ぎをしているらしい」と聞いたと言う。本当にひどい話である。

ありがたいことに、「紹介してくれた人は良心的な値段と言っていたから、心配はしていなかったけどね」と付け加えてくれた。

2回目の中間発表のあと、クラブ麻由美の票を増やさないための妨害がいたるところでおこなわれているようだ。

救いは、常連客。クラブ麻由美に行ったことがないお客が、言いがかりのようなことを吹き込まれたとしても、常連客が「あそこはいいよ」と推薦してくれているおかげだ。

それにしてもおそろしいと、彩歌は思った。

あらぬ噂を立てれば、店に行くお客は減る。店に行くお客が少なければ、投票する数も少なくなる。ほかの店の投票数を増やさせないために、なんとしても営業を妨害したいのだろう。

せっかく8位まで浮上したのに、風評を一人歩きさせていては、星どころではなくなってくる。そんな話を聞いた日の翌朝、彩歌は新川社長に電話をしてみた。

「こういうことは本部に言ったほうがいいんでしょうか。教えてくれたお客様にお願いすれば、そのお店の名前がわかるんじゃないかと思うんです。それとも、お客様にお願いして、そのお店の名前を聞き出して、直接お店に言ったほうがいいのでしょうか……」

「いいんじゃないですか。放っておけば」

電話での第一声でそう言われたとき、「なんか無責任……」と感じたが、新川社長の話を聞き、すぐ納得できた。

「仮にですよ、彩歌ちゃんが本部に文句を言い、本部がその店に注意したとしましょう。何が起きると思います？　『クラブ麻由美に言いがかりをつけられた』って、さらにひどい風評被害を受けることになるかもしれません。

その店も、どなたかが紹介してくれた店ですから、本当は悪い店じゃないと思いますよ。たまたま、レベルの低いホステスがいたんでしょう。中洲は、圧倒的にいいママ、いいホステスのいい店が多いんです。お客はわかってくれます。そもそも、クラブ麻由美の常連客に紹介されたお客でしょう？　『ああ、これは営業妨害だな』って、わかってくれますよ。頭にくるだろうけど、〝大人の対応〟に徹しましょうよ」

新川社長にさとされて、彩歌は落ち着いた。そして思った。

そんなひどいお店にかまってる場合じゃない。そんなことに気をとられるより、考えなきゃならないことや、やらなければならないことがあるはずよ！

自分を激励し、奮い立たせ、グランプリ後半を戦い抜く決意を新たにした。

店のスタッフも、「あーヤダヤダ。女って、陰湿よね。まあ、うちをねたんでいるということだから、うちは、それほどいいお店ってことよ！」と、前向きでいてくれる。

それでも、なかには気がおさまらないスタッフがいて、常連客に「うちはブスばっかりで、ぼったくるけど、いいですか！」と、ふざけてからんだりしている。

しかし常連客は、新川社長が言うように、みんな〝大人〟だ。

「過敏に反応せず、いつもどおり、どこにも負けない接客をしなさい」

「どの店も必死なんだよ。悪口を言う店も、クラブ麻由美を目の敵にしているわけじゃないさ。お客の口から、ここの店の名前が出たもんだから、『そこはブスばっかり』と言っただけだろう。ま、美人ばっかりでもないけどな(笑)」

同じようなことは、ほかのお客も言っていた。

「どうもね、ランキングのトップ10は、どこもひどい噂を流されているね。どの店だって、できれば1つ星でもいいからもらいたいし、10位以内に入りたくて、上のほうをけ落とそうと、めちゃくちゃなことを言っているみたいだよ」

しかし上位にランクしている有名店は、どこも静観しているという。淡々とマイペースで一流の接客に徹しているのだ。

うちも8位なんだから、一流店のように大人の対応に徹しなければだめね……。

そう自分に言い聞かせているうちに、3週目が過ぎていき、3回目の中間発表がやってきたのだ。

中間発表は、今回が最後となる。6月28日も4週目の日曜日にあたるが、この日は投票状況が発表されない。次に投票結果が発表されるのは7月1日。ナカワングランプリの表彰式がおこなわれる日だ。

中洲ワードホテルの大広間にて、1つ星、2つ星、そしてグランプリの3つ星を授与される店が発表され、表彰される。

ラスト10日間は、順位がどう動くのか。不安と期待を抱きつつ、1票でも多く投票してもらおうと、どの店も奮闘するだろう。その10日間で、どこまで上位に食い込めそうかは、現在の順位から判断するしかない。

その投票結果が、まもなく発表される。

彩歌は、仕事用のノートに書いてみた。

3つ星→1店。1位。
2つ星→5店。合計6店。2位から6位。
1つ星→10店。合計16店。7位から16位。

6位以上であれば、2つ星はゲットね。でも、うちもがんばったけど、ほかのお店だって追い上げてきているかもしれない。もし順位が下がったとしても、16位までなら星ひとつはゲットできると……。

彩歌は、スーッと息を大きく吸い込み、深呼吸をして「中間発表！　トップ50店はここ！」をクリックした。

クリックしたとたん、すぐ目にはいった。

クラブ麻由美の名前が、2番目にある。

2位……。うそっ…。2位って、2位？

1位は「クラブN……」である。中間発表は今回で3回目だが、1回目からずっと「クラブN……」は1位の座を守っている。

クラブN……って、「中洲でいちばんいい店だよ」ってお客様も言ってたし。あわてて「この店以外でね」とは言ってくれたけど、きっと本当にいい店なんだと思う。

ほかのお客様は、「あそこのママは、中洲でいちばん美人だよな」って言ってたし……。そのお客様もすぐ「ここのママは別格だけどね」とは言ってくれたけど、きっと本当にきれいな人なんだろうな。だからずっと1位なんだよね。

でも、2位ってすごいじゃない！

そう考えていると、予想どおり朋子からのＬＩＮＥ着信。


おかしい。どうして1位じゃないの？

なんちゃって（笑）

彩歌ちゃん、明日の開店5分前気合入れは、「絶対3つ星　必ずとる！」って、大きな声で叫んで！　やるわよ。

52位から8位になれて、8位から2位になれたんだもん。2位から1位なんてカンタンだと思わない？

わたしたちで、ママを中洲でいちばん美人のママにしてあげるわよ！


朋子さん、サイコー！

彩歌はすぐ返信した。

わかりました。明日は叫びます（笑）

考えたらそうですよね。52位から2位まで上がってきたんですよね。
あと一歩、あと一段ですよね。
残り10日間、気を抜かずにがんばります。
3つ星とったら、お母さんに最高のプレゼントになると思います。
朋子さん、本当にありがとうございます！

朋子へのメッセージを送り終え、次は、お母さんへ……と思ったら、先に真由美からメッセージが届いた。

彩歌ちゃん、体調はどうですか。
寝不足になっていませんか。
ちゃんとご飯は食べていますか。
ストレスはたまっていませんか。
不規則な生活とストレスは、お肌の敵よ。
といっても、たいへんな毎日なんでしょうね。

でも、どれだけ忙しくても学校だけは行ってね。

勝手なことを言うようだけど、あなたはまだ学生なんだから、お仕事ファーストにならないようにね。

お店の子たちも、みんな協力してくれているんでしょう。

できれば、みんなに少し多めにお手当てを払ってあげてほしいの。

今月はがんばるって言ってたでしょう。

だから、残りの日だけでもお給料を多めにするとか、〝ボーナス〟にして渡すのもいいわね。

お金はなんとかするから、もう少しだけがんばって。

あと、彩歌ちゃんには申し訳ないんだけど、退院がもう少しだけ延びそうなの。

口の中のほうは順調なんだけど、ちょっと風邪をひいてしまって。

なるべく早く治して退院するわ。


今週退院できたら、ナカワンの表彰式に間に合うのになぁ。いまのままなら2位で表彰されるから、そのときお母さんが表彰式に出られるのに……。

でも、しかたないわね。ずっと入院しているから、からだが弱って風邪をひきやすくなっているんだろうな。退院したら、どこか温泉でも行ってくるといいかもね。

それと……なるほどねぇ。さすがお母さん。お店のみんなにお手当てか。それ、いいかも。いま、毎日黒字だし。

きっと、みんなやる気が出るわ。

彩歌はすぐに返信した。

退院が延びたのは残念だけど、ひいてしまったものはしょうがない！
ちょうどいいから、そのまま病院で治してきてください（笑）
でも、早くよくなってね。
お金のことは心配ありません。
今月はお客様が多くて、毎日黒字です。あたりまえか（笑）
先月はお客様が少ない日もあったけど、今月は中洲で2番目くらいに売上が多い店になると思います。テキトーなことを言ってるけど（笑）
お手当て、みんな喜ぶと思います。お母さん、ありがとう。早く退院してね。退院日が決まったら教えてね！

真由美の提案を実行するため、仕事ノートにまたメモを始めた。

月末までのあいだの給料を多くするのと、ボーナスとして1回で払うのと、どっちがうれしいか。

今月の出勤日は、あと8日間。もしお給料を5000円ずつ増やしたとして、わたし含めて10人だから、1日5万円で、8日間だから40万円か……。

40万円を10人で割ったら、一人4万円。

この4万円をボーナスとして渡したらうれしいのかなぁ。

こういうときは、亜紀さんよね。

仕事のことでわからないことがあれば、松田先生や新川社長に聞くのがいいと彩歌は思っている。しかし日曜日の夜だ。電話はしにくいし、LINEやメールで尋ねることができるような関係ではない。

亜紀は、意外と経営のことを知っている。これまでのミーティングでも、さらりと『5

カウントの法則』について補足してくれたことがあった。

亜紀なら、この時間にＬＩＮＥしても返してくれるだろう。


亜紀さん、お疲れさまです。

亜紀さんに教えていただきたいことがあり、こんな時間ですが連絡してみました。

亜紀さんにはバラしちゃうことになりますが、じつはお店のスタッフのみなさんに、お給料の増額かボーナスのどちらかをお支払いしたいと考えています。

今月とてもがんばっていただいているので、お礼の意味を込めて、少しですがお店からプレゼントとしてです。

お給料増額といっても、今月末までなんですが……。

こういう場合、もらうほうとしては、毎日少しずつお給料に足されるのと、その分をまとめてボーナスとしてもらうのと、どちらが喜んでいただけるものでしょうか。

こんなこと、もらう立場の亜紀さんに聞いて申し訳ないのですが、亜紀さんしか聞ける人がいないので、どうかお許しください。

亜紀からすぐに返信が届いた。


彩歌ちゃんもお疲れさま。

メッセージの件ですが、いただく側としては、どちらの支給方法でもうれしいものです。こういうのは支給の仕方や額ではなく（ホンネは額も大事ですが／笑）、気持ちですから、どちらでもいいと思います。

ただ、お給料というのは、一度上げてしまうと、そのあと勝手に下げることはできません。一度賃金をアップしたあと、元の賃金に戻すには、ちゃんと従業員に説明するとか、書面を交わすとか、就業規則を書き直すとか（うちのお店には就業規則はありませんが）、少し面倒な手続きが必要です。

結論＝賞与として支給するのがいいと思います。

でも、もともとうちのお店には賞与という制度はないので〝一時金〟とか〝報奨金〟とか〝寸志〟とか、オシャレなところで〝洋服代〟とか〝化粧品代〟と封筒に書いて支給するのがいいと思います。実際、わたしたちのお仕事は、お洋服やドレス、靴代、お化粧品代、美容室代やエステ代も、それなりにコストがかかっていますから（笑）

結論がたくさんあってごめんなさい。
〝洋服代〟楽しみにしています！

亜紀さんってすごい。すぐに返事が届いたから、調べたわけではないと思う。経済学部？　経営学科？　そういう関係を卒業していたと思うけど、賃金とか支給とか、賞与とか、そういう専門用語を使わなかったわたしって、現役の大学生なのにはずかしい……。

でも、バッチリわかった。それに亜紀さんの言うとおり。わたしはお母さんのドレスを着ているからお金はかからないけど、亜紀さんたちはみんな自腹だもんね。

洋服代っていいな。現実的だけど、かわいい。それにしよう。亜紀さんも洋服代楽しみにしていますって書いてたから、喜んでもらえそうだし。

あ、でも4万円じゃ、なんか中途半端よねぇ……。

今月は通帳の残高が増えているし、2つ星だと200万円もらえるし、200万もらったら、貞行社長からお借りした500万円の半分は返せるし、そうすれば月々の支払いも少しはラクになるから……思い切って一人5万円にしよう。

それから彩歌はコンビニへ行き、のし袋と筆ペンを買ってきた。本当はもっとかわいい封筒にしたかったが、コンビニには置いていない。のし袋は年寄りっぽい気もするが、どうしても今夜のうちに用意をしておきたくて買ったのだ。

自分の分も含めて10枚、「洋服代」と筆ペンで書いた。

字はヘタだけどしょうがない。亜紀さんも、こういうのは気持ちだと言っていたし……。

翌日、大学へ行き、美容室へ寄り、ATMでお金をおろし、店で〝洋服代〟のお金をのし袋に入れた。

19時55分。いつものようにホールの広いスペースに、スタッフが集まり始めた。

彩歌が「ちょっと待っててください」と声をかけ、控え室にのし袋を取りに行った。

「今月はほんとうに、ほんとうにお疲れさまです。おかげさまで、もうみなさんご存知と思いますが、昨日の発表で2位になりました」

ここで大きな拍手が寄せられた。みんなうれしそうだ。

「今日を含めて、あと8日間です。あと8日間で1位になれるか、このまま2位か、それとも3位以下に落ちるかが決まります」

ここまで話したとき、忍田が言った。「そりゃそうです」

朋子が言う。「忍田ちゃんは黙ってなさい！」

「今月、今日までがんばってくださって、ほんとうにありがとうございます。そして、残り8日間、引き続きよろしくお願いします。これは、ささやかですが、がんばってくださっているお礼です」

そう言って各自に〝洋服代〟ののし袋を手渡した。

「ありがとうございます！」

「なか、見ていいっすか？」

「車代というのは見たことあるけど」

「うわぁ、こんなの初めてかもぉー」

「え、洋服のお仕立券が入ってるの？」

みんな大喜びだ。

亜紀は、軽くウインクしてくれたように見える。ウインクなどするタイプではなく、どちらかというとクールな亜紀だから、そう見えただけかもしれない。

1万円札が5枚あることがわかり、驚いたのだろう。忍田が言った。

「これ、今週の給料の前払いじゃないっすよね？」

すかさず朋子が「彩歌ちゃん、アイスピック持ってきて！」と言って笑わせた。

19時59分。もう開店1分前になってしまった。全員で円陣を組んだ。

彩歌が叫んだ。

「『絶対3つ星！ 7か条』を忘れずに！ お客様に！ また行きたいと！ 思っていただける！ 接客を！ お願いしまーす！ ラスト8日間！ 今日も最後まで！ がんばりましょう!!」

Story 17

ラスト8日間

ラスト8日間は猛烈な忙しさだった。連日、常連客が押し寄せた。

貞行社長も火曜日に来てくれた。

彩歌がクラブ麻由美に出勤した初日に来店した秋山は、5人も引き連れて、2度、来てくれた。

乃愛がひいきの色田社長は、毎日来てくれた。乃愛が「わたしは今週、休まないでお店に出ますよ」と言ったのだ。乃愛が毎日店に出ると知り、色田も「じゃあ、俺も毎日出勤しないといけないな」となった。

乃愛にかぎらず、ラスト8日間は、スタッフ全員が休まず出勤したいと言ってくれた。

仁平は1日おきに来店し、ホステスを口説いては失敗し、「投票してやんないからな」と、毎回同じことを言って帰る。

朋子は「大丈夫よ」と言うが、彩歌は心配になり仁平のあとをつけたことがある。

仁平は投票所に入るやいなや、離れて見ている彩歌にも聞こえる声で、「クラブ麻由美のパネルはどこだ？　あーあった、あった。いやぁーいい店だったなぁ」と言っていた。

ほかのお客に聞こえるように、わざと声に出して投票してくれていたのだ。

　西田社長も毎日来てくれた。

　月曜日は「おー、ブスの多さで2位になったってホントか？」と言い、火曜日は「バカなホステスコンテストで2位だって？　1位になりたいのか？」と言い、ほかのお客に少しばかりひんしゅくをかっていた。水曜日以降は、「ここは本物のママがいないから不利だ。俺が来ないと負けてしまう」という理由で来てくれた。

　月曜日の夜、山畑社長が来店した際、彩歌は言った。

「山畑さん、アフターに誘っていただけるのは嬉しいんですが、その時間だと投票所が閉まっているんです。山畑さんがうちのお店に投票したくても、時間的にできないんです」

「そんなこと、俺だってわかってるよ。だから投票を済ませてから、この店に来てるよ。いつも。期日前投票っていうのか？　それを毎回、やってるんだよ。だからアフターへ行こうよ」

　というわけで、8日間毎晩、山畑とアフターへ行くことになった。交代で、誰か一人は一緒に行ってくれる。

麻里のお客であるリンゴ建設の土井社長は、早い時間に何度も来てくれた。同じく麻里のお客である西南ガスの紀藤部長は、「自分が行けないから」と、多数のお客を紹介してくれた。

紹介の多さで言えば、店にもっとも貢献してくれたのは、なんといっても貞行社長だ。毎日、毎日、「貞行社長の紹介で来ました」というお客が続いた。しかも必ず複数で来てくれた。

あまりにも毎日来店するから、彩歌はあるお客に聞いてみた。

「貞行社長は、この店のことをどんなふうに紹介してくださるんですか？」

「貞行社長ですか。再現しますね」と言い、そのお客は、落ち着いて、静かに話す貞行社長の話し方を真似して教えてくれた。特徴をつかんでいた。

「君、中洲へはよく行くのかい？　僕は中洲に気に入った店があってね。ママも女の子もいいんだが、気に入っている理由はそれだけじゃないんだ。店を出たらメールが来る。お礼のメールだよ。博多駅までのタクシーのなかで気がつくんだ。小倉までの新幹線に乗り、博多駅を発車したころ、またメールが届くんだ。おもしろいだろう？　またあるときは朝、メールが届くんだ。『今週は出張ですね』って。うちの秘書が僕の予定をもらしているのかなって最初は思ったけど、違うんだな。店で僕が話したことを覚えているんだとわかって、大したものだと思ったよ。メールだけじゃない。ハガキも送ってくる。君は最近、手書きのハガキをもらったことはあるかい？　年賀状くらいしか来ないだろう。僕は毎日、決裁書やら契約書や覚書《おぼえがき》、なにやら申請書だ請求書だと、書類ばっかり見てるから、手書きのハガキが届くとほっとするんだな……と言って、ニッコリ笑うんです、貞行社長は。それだけです。その店へ行ったほうがいいとか、そこへ行きなさいとか、行ってほしいとかは、一切、言わないんです」

彩歌は驚いた。紹介といっても、「行ったほうがいい」と直接的に言っているわけではないということに。

「じゃあ、ここのお店の名前はおっしゃらないんですか？　貞行社長は」

「言いません。ただ、そんな話を聞いたら行きたくなりますから、こっちから聞くんです。『それ、なんていうお店ですか？』って。そしたら『しょうがないなあ。あまり教えたくないんだが……。そこはね、中洲に数ある店のなかで人気投票2位のお店なんだよ。これ以上、お客さんが増えると、僕が入れなくなるからなぁ……』と言って、教えてくれたんです(笑)」

念のため、「貞行社長に聞いてきた」というほかのお客にも尋ねたことがある。するとやはり同じような話をしてくれた。

ありがとうございます。貞行社長……。

中洲は異様な盛り上がりを見せていた。梅雨時期で客足が鈍る日もあるはずだが、雨だろうと平日だろうと、まだ明るい18時だろうと、連日、人の出は多かった。

6月25日の木曜日は、給料日ということもあり、サラリーマンの姿が増えた。「1万円でスナック・クラブ60分2軒プラス豚骨ラーメン！」というパック商品がサラリーマンに大人気だ。

いい話ばかりではない。投票数を伸ばすには、まず来店客数が必要と考え、価格破壊的な「期間限定　格安価格」を設定した店があちこちに出てきた。

「セット料金15000円を50％ＯＦＦ！」。つまり15000円から7500円に値下げする店。

「60分ずつ3日間で10000円ポッキリ！」。つまり1回3000円ほどで3日通える店。「1人＝1000円！　5人でも＝10000円！」。つまり1人2000円で飲める店。

価格ばかりではない。〝色気〟を惜しみなく提供し、投票を迫る店もあったという。

これらの店にお客が流れ、クラブ麻由美の客足が鈍るのではないかと不安視するスタッフもいたが、クラブ麻由美は繁盛し続け、ラスト2日間は店にお客が入りきらないほどだった。

6月30日火曜日。最終日。

彩歌は大学のあと、いつものようにATMに寄った。その日は家賃を振り込み、貞行社長への返済分も送金した。50万円である。

貞行社長にお借りした500万円、今回全額返してしまおうかなと、送金前にちらっと思った。6月のひと月で、通帳の残高は1000万円近くまで増えていたからである。

いや、明日からパッタリ……ということになるかもしれない。念のためもう少しのあいだお借りしたままにしておこう。

ナカワングランプリの最終日は、なにがなんだかわからないうちに終わりを迎えようとしていた。

ホステスたちは疲れ切っていたはずだが、妙に明るく、元気だった。

店に入りきらないほど押し寄せたお客も、0時を過ぎると少しずつ店を出ていった。投票は1時までだからだ。

1時で閉店。残っているのは全スタッフと山畑社長のみ。

ほかのお客で「アフターへ行こう」と言う人がいれば、彩歌は喜んで行くつもりだった。おそらく、ほかのスタッフも同じだろう。

ところが誰も言わない。いつもどおりアフター目当ての山畑だけが残ったというわけだ。

「さあ、アフターへ行くぞぉ。今夜は誰が俺に付き合ってくれるんだ？」

スタッフの負担を減らすために〝当番表〟をつくり、順番にアフターへ出ていることを山畑は知っているのだ。

当番表を見ると、彩歌の番ではない。だが、彩歌も一緒に行こうと思った。きっとこのまま帰宅しても、興奮してすぐには寝られないと思ったからだ。

すると、ほかのスタッフも着替えて待っている。その姿を目にして、彩歌は言った。

「山畑さん、当番表を見たら、今夜は〝全員〟って書いてました。さあ、行きますよ！」

山畑は、ニコニコしながらみんなを見渡すと、忍田も立っている。

「オレもアフターってやつ、行ってみたいんだけどいいっすか？」

みんなで大笑いして店を出た。

投票所の前を通ると、役員たちが、かなりの人数であとかたづけをしていた。

「ご苦労様です」

「遅くまでお疲れ様です」

「いろいろありがとうございます」

各自が口々に声をかけ、頭を下げた。

「で、どこへ行くんだ？」

「カツとじがいいです！」

彩歌が言った。

「勝つ、ね。願かけだな。よぉ～し、全員、カツ丼か、カツとじか、カツカレーだぞ！」

「じゃあ、林蕎麦ね！」

「オレ、天ぷら定食でもいいっすか？」

「ばか！　それじゃ勝てんだろ！」

みんなで大笑いしながら、アフターへ向かった。

Story 18

表彰式会場

『中洲 接待飲食店 名店No．1グランプリ　表彰式』

「中洲ワードホテル」の大広間。ステージ上の吊り看板には、まぶしい文字が並んでいる。

16時。まだ完全に明るい時間だが、和服姿のママやドレスで着飾ったホステスが、あふれんばかりに集い、表彰式の開始を待っている。

昼間の仕事がある美佳と有希以外、クラブ麻由美のスタッフは全員、会場に来ていた。「気の利いたスーツを持っていないから行かない」と言っていた忍田もやってきた。

協会本部からは「どなたでも参加できますので、ご自由にお集まりください」と案内されていた。

本来であれば、〝表彰式〟である以上、表彰される店は参加をうながされるはずだ。

しかし、この会場で投票結果が発表されることになっているのに事前に参加をうながしてしまっては、上位16店を明らかにしてしまうことになる。

自分の店は表彰されないだろうと考え、表彰式の会場に足を運ばなかった店が受賞する可能性もある。その場合は、発表だけで、副賞などは役員によって店へ届けられることになっていた。

中間発表すべてで1位の座を守った「クラブN……」は、ママはもちろん、スタッフが大勢来ていた。お客と思われる男性も数人来ている。

誰が考えても、星をもらうのは間違いない。「最後の最後までわかりませんから……」と、「クラブN……」のママは関係者と話しているが、会場に集まったすべての人が、「クラブN……」の3つ星獲得を信じて疑わない。

いや、〝最後の最後までわからない〟と考える集団がひとつだけある。クラブ麻由美の面々だ。

「ちょっと、テレビ局まで来てるわよ」

「え、うそ、じゃ、お化粧直してくる」

「いまさら変わらないって」

「やばいっす。オレ、テレビに出るの初めてなんすよ」

「忍田ちゃんは映らないから安心していいわ」

朋子の知り合いが声をかけてくる。

「チーママ、おめでとうございます！」

「なに言ってんのよ。まだわかんないわよ」

「だって、このあいだの発表で2位だったじゃないですか！　最低でも1つ星はもらえますよ！」

「ありがとうね」

同業のそのホステスが朋子から離れたあと、朋子は彩歌の耳元で言った。

「なによ。〝最低でも星ひとつはもらえます〟って、バカにしてるわ」

「やっぱりランキングで上位だったお店は、みなさんいらっしゃってますね」

彩歌が言うと、朋子は真剣な顔で答えた。

「16位までだったっけ？　中間発表の時点で星がもらえる順位だったお店が、もし、星ひとつももらえなかったら、バツが悪いよね。ここに来ててさ……って、うちもだけど……」

「なに朋子さん、マイナス思考になってるんですか(笑)」

「あらやだ。彩歌ちゃんみたい(笑)」

おしゃべりをしていると、表彰式が始まった。

まずは主催者、中洲名店協会役員のあいさつだ。今回、彩歌は中洲名店協会の存在を初めて知った。いい企画を考え、最後まで一生懸命やってくれたと思う。

このグランプリがあったから、お客様に忘れられない対応を学び、スタッフのみんなとワンチームになることができ、多くのお客様と出会い、お店の危機的状況を抜け出すことができたと思う。

3つ星をとるという目標を持つことができたのは、お客様に投票してもらうという、この企画があったからだ。目標を達成するために、仕事の内容を見直し、お店全体のレベルを上げることができたのだ。

ステージでは主催者のあいさつが終わり、これまで中間発表された経緯を振り返っている。

今思うと、最初の中間発表で上位50位以内に入っていなかったから、今があるのだと思う。あのときは、悔しかった。ママがいないお店が、こんなママ代理の見習いのようなわたしが勤め始めたお店が、トップクラスに入るわけがないのに、入らなかったことが悔しかった。でも、悔しい気持ちがあったから、がんばるパワーが生まれたのだと思う。

ステージでは、2度目の中間発表について振り返っている。トップ10の店は、あまり変動は見られなかったが、10位から50位までは半数以上が入れ替わったと説明している。

8位に入ったときは、本当にうれしかった。あのとき、あまりにもうれしくて、パソコンの画面を写しておいたけど、あのあと思い切って削除してよかった。あの写真を8位の思い出として保存しておいたら、そのまま8位のお店として残っていたかもしれない……。だけど、今思えば、8位のあとがいちばん苦しかったな。いろんなことをほかのお店から言われたから……。

いちばん許せないのは、お母さんを悪く言われたこと。新川社長も常連のお客様も気にしないほうがいい、かまわないほうがいいと言ってくれたけど、何度、本部に訴えようと思ったか……。ほかのスタッフだって、悔しかったと思う。

でも、お客様はわかってくれた。だからあの1週間を乗り越えられたんだと思う。

名店協会の役員は、3度目の中間発表について振り返り始めた。

「この発表が中間発表としては最後となったわけですが、6月20日現在の投票数で第1位は、3週連続でクラブN……でした」

ここで会場から大きな拍手がわき起こる。「クラブN……」の関係者も、まるでいま表彰されているかのように喜びの表情にあふれ、周囲に向かって頭を下げている。

「そして第2位は、前回8位からの大躍進！　クラブ麻由美が躍り出てきたわけです」

会場内の多くの人が、「クラブ麻由美の人たちはどこにいるんだろう」と、キョロキョロ見回している。

すると忍田が「ありがとうございますっ！」と頭を下げたものだから、多数の人がこっちを見始めた。

真由美ママがいれば、会場内の参加者もクラブ麻由美の存在に気づくのだが、彩歌たちだけでは、「どこのお店の従業員かしら……」としか見られないのだ。

先におこなわれた中間発表を振り返り、「そして第3位は……」と進んでいった。

2位になったとわかったとき、最初、うそかと思った。本当に信じられなかった。

2位になったことを信じられなかったくらいだから、これなら1位になれるかもなんて思いもしなかった。

でも、朋子さんが言ってくれた。52位から8位になれて、8位から2位になれたんだから、2位から1位なんてカンタンだって。

あのときは、そうだなって思った。40店以上も抜いて8位になれて、6つ順位を上げて2位になれたんだから、あとひとつ抜けばいいだけかって。

落ち着いて考えれば、2位から1位になるのはたいへんなことだってわかるのに。中洲でいちばんのお店を抜かなければならないんだから。

でも、あのときは朋子さんの言葉を信じた。励まされた。「絶対3つ星　必ずとるって大きな声で叫んで」って言ってもらってよかった。言ってくれなかったら、わたし、叫ぶなんて絶対できなかったもの。

朋子さんは、わたしに夢を見させてくれた。

わたしたちでママを中洲でいちばん美人のママにしてあげるわよって言ってくれて、あのあと涙が止まらなかった。

朋子さんは、わたしを励ましてくれたんじゃなくて、救ってくれたんだわ。2位になったことで、順位を落としちゃまずいというプレッシャーから救ってくれたんだわ……。

ステージ上では、マイクを持つ人が替わり、グランプリの格付けについて、いまいちど解説をしている。

「２１００店のなかから、投票数の多い10店に星をひとつ差し上げます。１つ星です。投票数が7位から16位のお店に相当します。１つ星認定店は、いいお店ばかりが集まる中洲でも、とくにいいお店として……」

いまさらみんなには言えないけれど、３つ星がとれなくてもしかたないって思っている……。

とれなかったときのための言い訳じゃなくて、お母さんが育ててきた店なのに、お母さんがいない状態でいちばんになるなんて、ありえないことだと思うから……。

お母さんがいれば、間違いなく、クラブ麻由美はいちばんになっていたと思う。

1回目の中間発表で1位になって、2回目の発表でも1位を守って、3回目の発表ではクラブN……さんが2位にきて……。そう。いまのわたしたちとクラブN……さんとが入れ替わっていたんじゃないかと思う。どう考えても、お店はママの力が大きいと思うから。

クラブN……のママは、本当にすてきな人だ。見た目もとびきりの美人だけど、表面的なきれいさだけじゃなく、内面的な強さがあるように見える。若いわたしがあこがれる魅力、人をひきつける力がある。だから、ああやって多くの人が、ママのまわりに集まるんだと思う。

いまここにお母さんがいれば、あのママと同じようにこの会場すべての人に、お母さんが魅力的に映るはず。そのお母さんがいない以上、クラブ麻由美は3つ星はとれないだろう……。

「さあ、ではお待たせしました。1カ月間にわたる投票期間を経て決定した、中洲の名店ベスト16を発表いたします。お店のお名前を呼ばれた方は、どうぞご遠慮なくステージに上がってください。まずは16位から11位までの6店を発表します。6店ですので、お店1軒あたり10名の方がステージに上がられても、十分お並びいただけると思います。では、2100店を対象に投票されたお店のなかで、投票数第16位のお店は……」

お母さんが入院しているあいだ、お店を手伝ってほしいと言われたときは、こんなたいへんなことになるなんて、ぜんぜん思わなかった。

素人のわたしには絶対ムリとわかっていたけど、困った顔をしてお願いするお母さんが気の毒で、しょうがない、お母さんのお願いを聞いてあげようと決心して。いまは、お店で仕事してよかったなって思う。もし、お店に行かなかったら、毎日、お母さんのいないマンションに帰って、さびしかったんだろうな。お母さんは、わたしをさびしくさせないために、お店で働かせようとしてくれたんだろうな……。

2カ月前のことを思い出していると、彩歌のまわりが急に騒々しくなった。美佳がかけつけてきたのだ。

「あれ、仕事は?」と朋子が話しかけると、美佳はハァハァ息をしながら答えた。

「いてもたってもいられなくて、早退してきました。自分だけ早退するのはシャクだから、有希ちゃんにも『早退しなさい!』ってLINEしときました」

と言い終わらぬうちに、「おはようございます!」と有希もやってきた。

ステージ上では11位までの表彰が終わり、10位から7位の受賞店がコールされている。

「第8位は……」

クラブ麻由美の10人は、おしゃべりをやめ、全員がステージへ目を向けた。第8位と聞き、ドキッとしたのだ。2回目の中間発表で8位にランクされたことが、各自の胸に強烈に刻まれている。

もしかしたら、8位に戻っているかもしれない……。何人かはそう思ったに違いない。目をつむり、店の名前が呼ばれる瞬間を待つ。

「……ラウンジSさんです！　どうぞステージへお上がりください！」

まわりで拍手が起きる。彩歌たちも精一杯、手をたたいた。ただし、大きな声では言えないが、8位の店を祝福する拍手ではない。自分たちの名前が呼ばれなかったことを祝う拍手だ。

周囲の人間は、そんなことはわからない。〝8位で呼ばれなかったことを喜ぶ集団〟であることは、永遠の秘密だ。

ここから、クラブ麻由美の10人は全員、無口になった。16位から8位までのあいだに呼ばれていないということは7位か、6位か、5位か……。いつ呼ばれるか、時間の問題だと感じた。

各自の緊張感が高まってきたそのとき、忍田がぼそっと口を開いた。

「まさか16位から下に落ちたってことはないっすよね。いや、ないと思いますけど……」

少し間があった、が、低い声で、絞り出すように朋子が言った。

「誰か、このホテルのバーに行って、いちばん鋭いアイスピックを借りてきて」

「じゃ、オレが借りてきますね」

と、忍田が言った。

「それじゃなんにもならないのよ！」と言いながら、朋子は笑っている。

みんなの緊張も、少しほぐれたようだ。

次は6位から2位までの2つ星受賞店が発表される。ここで表彰されるだけでも光栄なことだ。金銀銅のメダルで言えば、銀メダルをもらえることと同じだからだ。

彩歌は祈った。うまくいけば2位。落ちても3位か4位。順位は下がっても、これから名前を呼ばれれば、2つ星は確定なんだから……。

まさかクラブ麻由美の名前が呼ばれない、などとは思いたくない。

一度は2位までいったんだから……。2つ星をもらえるところまでいったんだから……。

「第5位は……」違った。

「第4位は……」違った。

「第3位は……」これも違った。

彩歌は胸が苦しくなった。息が苦しくなった。息を吸っても、たくさん吸えない気がする。お願いだから、もう名前を呼んでほしい……。

いまか、いまかと待つ苦しさから早く解放されたいと願った。

「第2位は……クラブ……」

そこまで聞いた瞬間、彩歌は安心した。

よかった……。2位に入れた……。

52位から2位まで上がってきて、2位を守ることができた……。

突然、会場全体にどよめきが起こった。

「……クラブN……さんです！　おめでとうございます！」と大きな声が響いたのだ。

会場にいるすべての人が、呆然としている。拍手を忘れている。聞き間違いではないかと思った人もいるだろう。いや、たった一人、呆然としていない女性がいた。クラブN……のママだ。

クラブN……のママが、笑顔いっぱいの表情でステージに向かっている。

「ありがとうございます。ありがとうございます」と、左右の人に頭を下げながら、歩いていく。悔しそうな表情はまったく見受けられない。見事である。

クラブN……のホステスたちは、一部、不服そうな女性もいるが、緊張した表情でママのあとをついていった。

しだいに拍手が増えてきた。ママがステージに上がり、深々とお辞儀をすると、盛大な拍手が寄せられた。

6位から2位までの受賞店は、みな同じように表彰状と目録を授与される。コメントは求められない。ママは最後に「お客様、ありがとうございます」と声に出してから、ゆっくり、深く、きれいなお辞儀をしてステージから降りた。

彩歌は朋子と顔を見合わせた。どういうこと？

ほかのスタッフとも見合わせた。どうなってんの？

ヤバイ……。

まさか……。

なぜ……。

わけわかんない……。

誰も言葉を発しない。

クラブ麻由美のスタッフたちだけではない。会場が静まり返った。

「それではいよいよ、中洲 接待飲食店 名店No．1グランプリ大会の栄えある1位に輝くお店を発表いたします。中洲始まって以来のお客様にお越しいただき、いいお店として投票がもっとも多く、ただ1店、3つ星を獲得したのは……」

彩歌は具合が悪くなりそうだった。

極度の緊張感が、自律神経を乱しているのだろう。

早くこの場を去り、店に戻りたい……。

「……クラブ麻由美さんです！　おめでとうございます！　３つ星認定の賞状、盾と目録を授与しますので、どうぞステージにお上がりください！」


いまなんて言ったの？

クラブ麻由美って聞こえたけど……？

彩歌は朋子の顔を見た。朋子もこっちを見た。

聞いた？　いま、うちのお店の名前を言ったの、聞いた？

お互い、信じられないといった顔つきが、やがて笑顔になり、彩歌と朋子はハグをした。

「さぁ、みんな、行くわよ！」

朋子にうながされ、背中を押され、彩歌はステージに向かった。

「オレも行っていいんすか？」

「来ないとアイスピックどころじゃないわよ！」

「アザッス！」

ステージでは、一度全員が並んだ。

みんなの顔が会場の人によく見えるよう、横一列に並ぶようにと係りの人に言われたのだ。

それから賞状が読み上げられ、彩歌が受け取った。朋子に、「ママ代理が受け取るのが当然でしょ！」と小声で言われたからだ。

記念の盾は、朋子が受け取った。

朋子が並んでいる列から前に出たとき、誰かが小さな声で言った。

「忍田さん、スーツ似合ってますよ」

「アザッス。あの5万円で買ったんすよ」

「え、あたしも」

「わたしもよ」

「みんなじゃないの？　だって、彩歌ちゃん以外、全員、見たことない新品よ」

たしかに、彩歌はいつものように母親のドレスを着てきたのだ。

よかった。彩歌は思った。みんな、今日、3つ星をもらうって知ってたの？

あのお金、役に立ったんだな。これも、お母さんのおかげ……。

賞金500万円の目録は、再度、彩歌が受け取った。目録を受け取り、一歩後ろへ戻ろうとしたとき、「ひとことお願いします」とマイクを向けられた。

「……ありがとうございます……なにを話せばいいか、すみません。わかりません。本当にありがとうございます……」

そう言ってマイクを返そうとしたが、「もう少しお願いします」と言われ、いよいよ困った。

彩歌の後ろに並んでいる列の中から、誰かがささやくように言った。

「いま思っていることを言えばいいのよ」

彩歌は、その声にうなずいた。

「……わたしは、ママ代理なんです。クラブ麻由美の本当のママは、いま事情があってお店をお休みしています。ですから……このグランプリの1カ月間、ママがいないお店でした。わたしみたいなハタチの、名前だけのママ代理は、お客様にご迷惑をかけ、お店のスタッフにも迷惑をかけてばかりでした。ですから、本当だったら、うちのお店にたくさん投票していただけないはずなんです。ですから、こうやって3つ星をいただけたのは、お客様のおかげなんです。こんな何もわからないママ代理のお店なのに、いつも来てくださって、応援してくださるお客様のおかげなんです。それと、いま、ここに並んでいるスタッフのおかげなんです。だから……だから……」

こみ上げてきて、それ以上は言えなくなった。涙があふれて止まらなくなった。

「よし、もういいよ」という声が聞こえた。朋子だ。

マイクを持った役員が、

「ありがとうございます。もう一度、クラブ麻由美のみなさんに盛大な拍手をお願いします！」と言ってくれた。

彩歌たちは、深々と、深々とお辞儀をして、ステージを降りた。

ステージに上がる前にいた席に戻る際、クラブN……グループの横を通った。そのとき、ママが立ち上がり、彩歌の手をそっと握って言ってくれた。

「おめでとうございます。いいあいさつだったわよ。あなたは立派なママ代理よ」

彩歌は深く、お辞儀をした。

表彰式が終了した。

副賞500万円の授受に関して手続きがあるということで、彩歌は協会の役員とロビーへ向かった。彩歌以外のスタッフは全員、店に戻った。

『第1回　中洲 接待飲食店 名店No.1グランプリ』は幕を閉じた。

Story 19 真由美の復帰

副賞受け取りに関する書類を中洲名店協会の役員に提出し、彩歌も店へ戻った。店のドアを開けようとしたとき、なかから笑い声が聞こえてきた。

まだ20時前である。スタッフのみんなが、リラックスして冗談を言い合っているのだろうか。

ふだんなら「おはようございます」だが、今日はちょっと違うなぁ……。さっきまで、みんなと一緒にいたし……。

「ただいまー」と言いながら、店の中へ入ると、思いがけない顔触れが目に飛び込んできた。お客が大勢、ニコニコしているのである。常連客ばかりだ。

「3つ星おめでとう！」

「グランプリナンバーワン！」

「中洲でいちばんのママ代理！」

「彩歌ちゃん、ご苦労さん！」

「今日はみんなブスじゃないぞ！」

「今月もアフター行くぞぉ！」

「おかえりなさい！　おめでとうございます！」

もうすでに水割りやビールを飲んでいる。みなさん、お祝いに来てくださったんだ……。

「おかえりなさい。留守中、ありがとう。よくがんばったわね」

え？　その声……。

彩歌が振り返ると、そこに真由美が立っていた。

お母さん……！

「わたしがいないのに3つ星なんかとっちゃって……。いま、お客様に『ママ代理のままでいいぞ』って言われちゃったのよ。わたしの出る幕がなくなっちゃうじゃないの」

お客は全員、大笑いをした。

「お母さんも……おかえりなさい」

「やーねぇー。ここではママって言って。こんなに大きな娘がいるって、お客様の誰にも言ってないんだから」

みんな、また大笑いした。

彩歌たちが表彰式会場へ向かっていたころ、真由美は東京から自宅に戻った。表彰式があることは朋子から教えてもらい、知っていた。

中洲にはいい店がたくさんある。すばらしいママが大勢いる。20年以上も中洲で生きてきた真由美には、中洲でいちばんになることのむずかしさがよくわかる。

表彰式は、よくて2位。もしかすると、それ以下の順位かもしれないと真由美は思っていた。

クラブ麻由美の力を過小評価していたわけではない。中洲には、実力ある店が何軒もあることを知っているからだ。一度でも2位になれたことは、あの子たちにいい夢を見させてくれたと神様に、そして、お店に来てくれるお客にも感謝している。

あの子たちは、おそらく落胆してお店に戻るだろう……。

わたしがいなかった2カ月を、そして必死にがんばったこの1カ月の労をお店でねぎらってあげよう……。

2カ月ぶりに和服に着替え、急いで美容室に寄り、自分の店、クラブ麻由美へ向かった。

店へ行くと、予想もしない光景を目にした。常連客が集まっているのだ。お酒を飲むでもなく、歌を歌うわけでもなく、しかし愉快そうに話をしていた。

「おっ！　ママ！」

「ママさん！」

「おかえり！　ママ！」

「久しぶり！」

「相変わらず美人だなぁ」

発表の結果を店で待つことにしたと聞いて、お客に頭を下げた。

常連客は、それぞれ真由美不在時の、スタッフのがんばりをほめてくれた。彩歌のことだけではない。朋子に美佳、淳子も結子も有希も。乃愛、麻里、亜紀も。忍田のことまで「彼は成長したよ」と評価してくれるお客がいた。

真由美はお客にお酒を勧めたが、「3つ星をとったことがわかってから乾杯する」と言う。「今日はお店がごちそうするのでお飲みになって」と真由美が言うと、「ママ、逆だ。今日は我々がお祝いとしてごちそうするんだ。だからちゃんと勘定はつけてくれ」と言う。

表彰式会場には一人も訪れず、店にお客が集まったのには理由がある。常連客が示し合わせていたのだ。

グランプリラストの8日間、店は混雑していた。ふつうでは考えられないことだが、知らないお客同士が相席を承諾し、そこで名刺交換もおこなわれた。

お客のほぼ全員が、クラブ麻由美の常連客だが、それまでお客同士、言葉を交わしたことがなかったのだ。相席をきっかけに打ち解け、ともにクラブ麻由美の応援団員として協力し合おうとグラスを重ねた。

表彰式の主役は、受賞者だ。自分たちは店で待機。戻ってきたホステスたちを迎えて祝ってあげようということで一致した。

常連客は朋子に相談し、早めに店を開けてもらい、発表結果を待っていたという。

会場のようすは、朋子からメッセージを送ってもらい、知ることができた。2位の店が発表されたとき、クラブ麻由美の名前が〝呼ばれなかった〟ことに、常連客たちも安堵した。

クラブ麻由美が1位であることは信じていたが、その保証はどこにもない。〝2位ではない〟ことがわかった瞬間、「よし！　乾杯だ！」と、誰かが叫んだという。

クラブ麻由美が3つ星をとったというメッセージは、ステージの上から朋子が知らせた。

店内の常連客たちは乾杯ののち、1カ月間の〝武勇伝〟を語り合った。

「わたしは、ラスト1週間は毎日来ましてね」

「そうですか。わたしは、ラスト8日間毎晩来ましたよ」

「僕は先月…合計……5回です」

「まだまだですな(笑)」

そして、朋子たちの帰りを待ち、彩歌が戻って来るのを待っていたというわけだ。

お客の誰かが言い出した。一人ひとことずつお祝いの言葉を述べようと。みんなしゃべりたくてしょうがないのだ。

お客の〝ひとこと〟は長い。一人が言い終わると、そのたびに「おめでとう」「カンパーイ」と言い出すので、さらに長くなる。

店内のお客全員がようやく話し終えた。次はスタッフが一人ずつ述べた。グランプリ期間中の思い出を語り、スタッフ全員、話の最後はお客への感謝を伝えた。

彩歌の番がきた。

お客の顔をゆっくり見た。スタッフのみんなを見た。真由美の顔を見た。もう一度、お客のほうを見た。しかし何も言わない。胸がいっぱいで何も言えないのだ。

涙があふれ出た。嗚咽が始まった。しゃくりあげた。そこに居合わせる人々は、彩歌を優しい目で見つめ、静かに待っていた。

「……ありがとうございます。3つ星をいただけたのは、ここにいらっしゃるお客様のおかげです。あと、ここにはいらっしゃいませんが、お店に来てくださるお客様のおかげです。そして、スタッフのみなさんのおかげです。あと……親身になっていろいろ教えてくださった松田先生や新川社長のおかげです。あと……ここにはいらっしゃいませんが、いろいろ助けていただいた貞行社長の……」

と貞行社長の名前を口にしたとき、店の入り口からその人の声がした。

「わたしなら、ここにいますよ。〝ここにいるお客の一人〟です。だから、名前は言わなくていいですよ」

「……みなさまのおかげです。ほんとうに、ほんとうにありがとうございます。2カ月間、たいへんお世話になりました。お母さんが……、すみません、ママがお店に戻ってきたので、わたしも女子大生に戻ります。ほんとうにありがとうございます」

そして真由美のひとことが、スピーチの最後となった。

「このたびは、お店を、そしてこの子たちを応援していただき、心からお礼を申し上げます。誠にありがとうございます。今回、この中洲でいちばんという評価をいただけたのは、ひとえにこのお店を愛してくださるみなさまのおかげです。ほんとうにありがとうございます。もうお気づきかと思いますが、このとおり、わたしは上手にしゃべることができません。じつは先月、舌ガンの手術を受けてまいりました。口の中の舌の手術です」

ここで店内がざわざわとなった。真由美が舌ガンの手術を受け、入院していたことを知らない者ばかりだからだ。このなかで知っているのは、彩歌と朋子、貞行社長だけである。

「おかげさまで無事、手術は終わり、こうやってみなさまにお目にかかることができ、いま、この上ないしあわせを感じております。できることなら、今夜からでもお仕事に戻り、おいしいお酒をいただきたいところですが、あいにく完全に復帰するにはもう少しお時間がかかりそうです。ものをまだうまく飲み込めず、誤嚥の可能性がありまして、万が一にもお客様にご迷惑をおかけすることがあってはなりません。しばらくはゴルフをしたり、本を読んだり、あるいは、このお店のお掃除や皿洗いなどの下働きをさせていただこうと考えております。当面の課題は、わたしが完全に復帰するまでのあいだ、わたしの代わりを務める、新しい〝ママ代理〟を決めなければならないことです。ここにいらっしゃる賢明なお客様にご紹介、あるいはご推薦をお願いしたく存じます。あら、お礼を申し上げるべきところ、お願いをしてしまい申し訳ありません。今夜は、ごゆっくりお楽しみくださいい。みなさま、ほんとうにありがとうございます」

真由美が話し終えると、盛大な拍手が起きた。そして、クラブ麻由美の店内は、また喧噪に包まれた。

まもなく松田先生がみえた。

「チーママから〝タダでビールを飲ませてあげるから来んか〟と連絡があってねぇ。おや、社長さんがたくさんおる。熱心だねぇ」

新川社長も来てくれた。

「このお店ほど5カウントの法則を正しく実践してくれたところはありません。勝因はそこでしょう。でも、これからですよ。つくったお客さんは維持しなければ。そうですよね。

松田先生」

「あんたはよう知っとるねぇ。ママ、新川さんの言うとおりにやってれば、間違いなかと」

Story 20

後日談

グランプリ受賞式の夜、クラブ麻由美に集まった常連客たちにより、『クラブ麻由美後援会』が結成された。

後援会の決定には、なんら強制力はないが、「彩歌ちゃんがふつうの女子大生に戻ることは認められない。〝ママ代理見習い〟としてパート出勤すべし」という案が議決された。

また、この後援会により「2年連続〝3つ星〟死守！　プロジェクト」も誕生した。1年かけて、3つ星連取のための活動がおこなわれることになったのだ。

朋子は、たびたび入院中の真由美を訪ね、店のようすを報告し、真由美からアドバイスを得ていたことを彩歌は知った。ときおり出勤時間が遅くなるのは、そのためだったのだ。

ナカワングランプリの内容も、中間発表の順位についても、朋子が真由美に伝えていた。

「知らないふりをするのがたいへんだった」と、笑いながら真由美は彩歌に言った。

翌年もグランプリが開かれることを新川社長が教えてくれた。その上、「2位以下のお店は、いまから対策を練っていますよ。〝打倒！ クラブ麻由美〟〝奪取！ 3つ星〟のスローガンを掲げてロールプレイングを始めてます」という、おそろしい情報も教えてくれた。

松田先生は、全国各地でおこなわれる講演の際、クラブ麻由美のことをときどき話してくれるようになった。「福岡の中洲というところに、えらい勉強熱心なママさんがやっているお店があってね……」という話を聞いて、クラブ麻由美を訪ねてくる遠方客も増えた。

彩歌は、「2年連続〝3つ星〟死守！ プロジェクトリーダー」に任命された。クラブ麻由美後援会が任命したのだ。

「プロジェクトリーダーは少なくとも週2回は出勤すること」という規定により、彩歌は週2回、店に出ることになった。ただし、曜日や時間は問われない。彩歌が出たいときに出ることが認められた。

彩歌がいつ出勤するかわからない。したがって、プロジェクトのメンバーは、頻繁に店を訪ねるようになった。「彩歌ちゃんは来てる？」「いまいないけど、今夜来るかもよ」と

聞いて、飲んで待つ。「今日来なかったから、きっと明日ね」と聞いて、翌日も来る。プロジェクトのメンバーは、入れ替わり立ち替わり、毎日来店した。かくしてクラブ麻由美は繁盛している。

クラブ麻由美だけではない。グランプリがきっかけで、「もっとお客様に満足していただける対応をしよう！」と取り組んだ店がさらに増えた。

今日も中洲はたくさんのお客でにぎわっている。

完

あとがき

最後までお読みいただきまして、誠にありがとうございます。

私は著者でありながら、本書を何回読んでも、グランプリ発表の瞬間、涙が出ます。

それぐらい、中洲を心から愛し続ける客の一人です。

クラブ麻由美のような、応援したくなるお店はたくさんあり、どの店もグランプリを取ってほしいと思っていますから、結果を見守っている常連客と同じ気持ちになり、涙が出るのです。


私は常々、中洲は日本一の歓楽街と思っています。これからも、この街の発展に尽力するつもりです。


今、新型コロナ感染拡大により、お客様は来店をお控えになり、繁盛していたお店でも、売上は従来の40%程です。

苦しい時期が続きますが、なんとか耐え抜き、従来の環境が整った暁には、日本経済を支える歓楽街として君臨してほしいという願いを込めて、本書を書かせていただきました。
どうぞ皆さん、耐えて頑張ってください。
必ず、元の状態に戻ります。私はそう信じ、祈っております。

本書の刊行にあたり、お手伝いいただきました村上透さん、いつも応援していただいている整形外科医師の宮崎憲一郎さん、あさ出版様には、心より感謝申し上げます。

思わぬハプニングでいっぱいの続編も、鋭意執筆中です。ご期待ください。

古川　隆

＊この本を読んでいただいた皆様には、プレゼントがございます。
下記ＱＲコードの質問にお答えいただき、ご送信ください。
「売り上げを即２倍にできる魔法の法則」を無料にて差し上げます。

↓

著者紹介

古川　隆（ふるかわ・たかし）

株式会社福一不動産代表取締役

1962年9月、宮崎県延岡市生まれ。1985年、大分工業大学建築科を卒業。

大手マンションデベロッパーに勤めるが、バブル崩壊でリストラにあう。

1995年、株式会社福一不動産に入社。

1997年9月、社長就任。

福岡市博多区祇園町、冷泉町、店屋町、上川端町、中洲2～5丁目に特化した展開で業界の注目を集める。店舗を紹介するインターネットサイト「e中洲ドットコム」や経営支援サービス「ユアーズ」を提供。また、全国各地で経営者を対象にした講演・セミナーを行う一方で、中洲のママさんを対象に講演会・勉強会も定期的に開催している。

著書は『崖っぷち社長の逆転戦略』（花乱社）、『売りたかったら、売り込むな！　小さな会社　社長の営業』（あさ出版）。

●福一不動産
http://www.2912103.co.jp/
●講演等のご依頼
t.furukawa@2912103.co.jp

女子大生《じょしだいせい》ママ彩歌《あやか》、ピンチの店《みせ》を立《た》て直《なお》す
売《う》りたかったら売《う》り込《こ》むな！　〈検印省略〉

2020年　8　月 29　日　第　1　刷発行

著　者――古川　隆（ふるかわ・たかし）
発行者――佐藤　和夫

発行所――株式会社あさ出版
〒171-0022　東京都豊島区南池袋 2-9-9 第一池袋ホワイトビル 6F
電　話　03（3983）3225（販売）
　　　　03（3983）3227（編集）
F A X　03（3983）3226
U R L　http://www.asa21.com/
E-mail　info@asa21.com
振　替　00160-1-720619

印刷・製本　萩原印刷（株）

facebook　http://www.facebook.com/asapublishing
twitter　http://twitter.com/asapublishing

ISBN978-4-86667-229-8 C2034